40歳
教師の
マインド
セット

明治図書

まえがき

はじめまして。古舘良純（ふるだて・よしずみ）です。１９８３年生まれの41歳です。同級生は嵐の松本潤さんで、誕生日も10日しか違いません。松潤さんがスーパースターであることは間違いありませんし、雲泥の差があることも承知していますが、「同い年」というだけで何だか肩を並べている感じがしています。

その他、二宮和也さんや風間俊介さんも同級生ですし、スポーツ界では川島永嗣さんや琴欧洲さんも同級生です。女性では、歌手の中島美嘉さんや宇多田ヒカルさんも１９８３年生まれです。もう、名前を挙げればきりがありません。

そんな僕たちの世代は、「ロストジェネレーション世代」と呼ばれてきました。いわゆる「ロスジェネ世代」です。

「バブル崩壊」と言われた直後に生を受けた僕たちは、厳しい時代を生きることを余儀なくされました。現在、学校現場において40代の職員が少ない状況も、そうした「採用氷河期」が少なからず原因の一端であると考えて良いでしょう。

そんな僕も、大学を出て数年間、教員採用試験に受かりませんでした。不採用の連続だったのです。当時は中高保健体育の領域で教採を受けていたため、そもそも狭き門でした。倍率は20~30倍だったと記憶しています。採用試験会場に入り、教室を見渡して「この中から1人しか受からないのか」と落胆したことを今でも鮮明に覚えています。

だから僕は、当時一番倍率の低かった千葉県の小学校（当時2・1倍）を受験することに決めました。それでも、2000人受けて1000人落ちる現実は、今考えると異常だったと思えます。

だから僕は、コンプレックスを抱えながらこれまで教員人生を送ってきました。ストレートで受からなかった自分が嫌でした。地元を離れて他県に逃げてしまった自分が嫌いでした。令和に入るタイミングで地元の岩手県に戻ってきましたが、ストレートで採用になって働いてきた先輩や、岩手一筋の後輩と比べてしまう自分が情けないと思いました。

簡単に言えば、自分を認められない、自信がないのです。どこか影があるというか、弱腰になってしまう自分がいます。

しかし、もし僕たちロスジェネ世代に強みがあるとすれば、感謝の気持ちを大切にするマインドではないでしょうか。

そもそも、採用氷河期で思うように仕事に就くことができなかった僕たちは、採用されただけで「ありがたい」と思えます。「やっと仕事が決まった」と合格通知を受け取り、封筒を握りしめて声にならない声を絞り出したはずです。

ですから、受験するときは「数年で戻ろう」と思っていた千葉県での教員生活も、気づけば10数年が経っていました。自分を採用してくれた千葉県に少しでも恩返しをしようと思って働いていた事実は言うまでもありません。

きっと、他業種の同世代も、同じような感覚をもっているのではないかと想像します。仕事にありつける幸せや難しさを知っている。だから、自分を捧げて働こうとする前向きで真面目な人が多い。さらに、狭き門を潜ってきた人たちだからこそ、ある程度スキルが高く、上昇志向も強い。

だから、ロスジェネ世代は「慎重かつ熱い世代」と言えるのではないかと考えています。そんな僕たちも、ついに「40代の生き方」について考えるときがきました。働き方改革や授業改善が叫ばれる中、教職員の定年が先延ばしとなり、ベテラン勢との付き合い方を本気で考える事態に直面しています。

また、採用試験の倍率が軒並み低下し、入ってくる若手の数も少なくなっています。入ってきてすぐに離職してしまったり、厳しい環境下で潰れてしまったりするケースも少なくありません。「パワハラ」ではない形で、でもきちんと現場の道理を伝える接し方に気を遣わなければならない難しい状況です。

疲弊する現場でハブとなって機能する40代になるべきか。それとも行政に出向いて自治体レベルで改革を推進する立場にシフトチェンジすべきか。また、ある程度の経験と実績をもってジョブチェンジに踏み切るか。

でも、家族がいて、我が子の教育にかかる費用もバカにならない。「やりたいことできること」「夢と現実」「自分と家族」など、いくつもの天秤をバランスよく保ち続けなければなりません。そんな40歳の壁をどう乗り越えたら良いのでしょうか。

余談ですが、アイドルグループの「嵐」は２０２０年の大晦日をもって活動休止に入りました。リーダーである大野智さんは１９８０年生まれ。ちょうど40歳で休止を決めたのです。

これから10年、「40代の生き方」についてともに考えていきましょう。

古舘　良純

目次

2章 「生きる姿勢」のマインドセット

3章 「学校での立ち位置」のマインドセット

4章 「教務・管理職『的』視座」のマインドセット

5章 「職員室での立ち居振る舞い」のマインドセット

6章　「学校外活動」のマインドセット

1章

「分岐点の捉え方」のマインドセット

Mindset

折り返しの40歳

23歳になる年に採用され、その後60歳まで働くと考えて、教員人生を37年間だとします。するど、教員人生折り返しの年はちょうど19年目。ど真ん中です。年齢でいえば41歳になります。

僕は今（原稿を書いている2024年8月）、ちょうど41歳です。教員人生の折り返し地点に、今まさに立っています。

僕は、大学を卒業して2年間講師を経験しました。複式学級を経験したり、小中一貫校に勤める経験をさせていただいたりしました。その後、千葉県で採用され、11年間地元・岩手県を離れました。そして、平成から令和になるタイミングで岩手県に戻り、7年目に入っています。通算19年目です。

一つの自治体で19年働いたわけではないため、その時間感覚が他の方々と違うとは思いますが、本当にあっという間でした。走り抜けてきたと言っても過言ではないと思っています。

特に、厳しい学級を任されることが多く、7年連続11回の6年生担任をしてきたことは、今となっては良い思い出で、自分の力量形成には欠かせない時間でした。

また、多くの時間を過ごした千葉県での教員生活では、たくさんの仲間に恵まれました。正直、僕は人付き合いが広い方ではありませんが、それでもたくさんの方にお世話になり、磨かれ、折り返しを迎えていると感じます。

そんな今、考えます。

後半19年間はどんな人生が待っているのだろうか……と。

折り返したところで、同じことの繰り返しになってしまうのではないか……と。

僕らが若い頃の40代の先生ってどんな先生だったかな……と。

折り返した後の長い走路を想像してしまうのです。

すると、「40代の先生像（特に男性）」がほとんどないことに気づきます。40代の先生と働いた記憶が浮かんでこないのです。みなさんはどうでしょうか。僕らが20代30代だった頃、40代の男性教諭はどれだけいたでしょうか。

遡って思い返してみると、講師時代の教務、初任校の教務、２校目の教務、そして岩手に戻った際、お世話になった先輩教諭くらいしかいません。

しかし、きっと、40代の男性教諭は確かに職員室にいたはずです。ただ、20代30代の若い世代から見た40代は、あまりにも遠すぎる存在でした。ちょっと上の先輩ではなく、どちらかといえばベテランに含まれてしまう立ち位置だったのです。「教務」などはその典型的なポジションです。だから、「先輩教員のモデル」としては成立しにくく、「自分たち（20代）とは一線を画す存在」になってしまっていたのでしょう。いなかったというよりは、僕らが「そう見てこなかっただけ」かもしれません。

または、40代男性教諭の多くは、行政に引っ張られた可能性も少なくないと考えられます。「現場にいられなくなった」のです。だから、40代男性教諭のモデルが現場に少なかったと考えることもできます。

一方で、40代の女性でいわゆる「ママ先生」のような方は僕の周りでもたくさん活躍していました。時代に合わない考え方かもしれませんが、男女比のような事実はあったかもしれません。また、ロールモデルとして接することは難しさがありました。

さて、そんな若手時代を過ごし、今、折り返しを迎えた僕たち40代教師が生きていく未来は、不透明な世界と言われています。まさにＶＵＣＡです。
そのような中で、どのように生きていけば良いでしょうか。

・先輩モデルとして見られにくい、(＝距離のある存在) 40代として生きる。
・現場 (＝担任業) とは違うステージ (＝教務や行政に出てしまう) に移り、手探りで力を発揮していくしかない40代を生きる。
・ある意味、「一生教諭」「担任一筋」と覚悟を決めて働き続ける40代として生きる。
・その他

これは、40代に入って大きな選択を迫られることを意味しています。

僕たちはもう後数年で「中堅」と言われなくなる歳を迎えます。「いやいや、気持ちは20代！ まだまだ現役！」と言っても、そう受け取ってもらえなくなります。
誰に相談することもできず、それでも毎日もがきながら自分なりの納得解を見つける生き方が、ついに始まったのです。

届く案内との対話

僕が千葉県に勤めていたとき、校長室に呼ばれたことがありました。そこで、「古舘さんは教育委員会で働くことに関心があるか？」と聞かれました。それは、教育行政への「打診」を意味していました。

当時、ＳＮＳもやっていなければ、本を書いたこともありませんでしたから、全くの無名教諭状態でその打診を受けました。「ついにそのときが来たか！」と心躍らせたことは正直に書いておきます。

ただ、当時僕は岩手県での教員採用試験を検討していました。千葉県を退職して岩手県に戻る道を考えていました。ですから、校長には「数年以内に岩手県に戻る可能性がある」と話しました。「僕でよければお力添えはしたい。そっちの道にも関心はある。ただ、長く勤めることはできない」と答えました。結果、それでは数年間の人事計画に不都合が生じるとの理由で、僕は打診リストから外されたと聞きました。それが、初めて「行政で働く自分」を意識した瞬間でした。「教諭以外の道もあるんだ」と道の先が枝分かれした感覚になりました。

しかし、そうした人事に関する他言はタブーです。誰に相談するわけにもいきませんし、管理職の先生はもう20歳以上も先輩で（正直）相談役としては年が離れすぎています。だからといって指導主事の先生に話を聞く機会もありません。それは、そうしたポジションの先生方が遠い存在だったからです。行政で働くことは、中身のわからない箱に目をつぶって手を突っ込んでいくような気持ちでした。

また、岩手県に戻って数年経った頃、職員室机上に、1枚の紙が伏せてありました。めくってみると、「管理職を目指すための説明会」の案内でした。下部に「校長まで」と書いてありました。

校長室に伺うと、教務、主幹、副校長、校長を目指す先生方に対して講話や説明を行う会とのことでした。主に40歳前後の教諭を対象とした校長推薦による会だったのです。

僕は、その説明を聞いた後に「お断りさせていただきます。お声がけいただきありがとうございました」と辞退させていただきました。理由はいくつかありますが、一番大きな理由は、違う形で「自分自身の力を試してみたい」ということでした。

ちなみに、その説明会に出るためには、管理職の先生からその用紙を配られる必要があります。ですので、「推薦」といえば聞こえが良いのですが、言い方を選ばずに表現すると「コネ」と受け取られても仕方がないシステムです。

また、県指定の研究授業の授業者を引き受けた際、ある先生に「行政に引っ張られる覚悟をしておくといい」と助言を受けました（もちろんとても良い先生で、僕の授業を高く評価してくださいました。「期待されている」と受け取りましたが……）。

行政に引っ張られる先生というのは、実力云々ではなく、管理職の目に止まるとか、上から声がかかるとか、そういうことなのか……と感じていたのは事実です。

しかし、もし本当に現場で力を発揮し、教室や職員室、学校をより良い方向に動かしていけるなら、それはそのとき、そういう人事が「必然性を帯びるだろう」と考えました。**推薦やコネなどなくても、力があれば自ずと目に止まる**と考えていたのです。

お声をかけていただいた際、千葉県で校長室に呼ばれたときような高揚感は全くありませんでした。そんなことの前に、まずは自分の周りに力を使っていこうと考えていました。

地道に草の根運動を続け、ある意味行政よりも大きなネットワークを築きたいとすら考えていたからです。

さらに、千葉県時代と違って、ＳＮＳ上で知名度が高まっていたことや、共著や単著出版などの実績が伴っていたことなど、僕自身を取り巻く環境や条件が少し広がっていることも、「力を試してみたい」と思う理由としてありました。何か、教育現場に教育現場以外からアプローチしていく糸口を掴みかけていると感じることもありました。

また、仮にいつか行政で働くとして、それはもう少し後でいいだろうと思っていました。同時に、説明会に出ようが出まいがなるようにしかならないと楽観的に考えていたのです。

それから毎年、「その案内」が届くようになりました。ただ、今年度もまた辞退しました。でも辞退してもその案内をときどき眺めます。ちょっと冒険して、キャリアアップを図ってみたらどうなるんだろうとワクワクする自分がいるのです。19年間、担任という景色しか見てこなかった僕の目で、また違う景色を見て見たいと思ってしまうのです。

もし普通に「先生業」だけをしていたら。ＳＮＳもせず、本も書かず、担任一本で生きてきたなら。僕は校長先生の案内に従って説明会に行ってしまっていたのでしょうか。担任経験だけの僕は「管理職」という道を選べるのでしょうか。行政の場で何かできるのだろうかと自問自答の毎日です。

恐怖心を抱えて進む

40代に入ると、分岐点を前に見えない不安が襲うようになります。

折り返した後の先行きが見えない不安。この先どんな未来が待っているのか全く予想がつきません。

行政か、担任か、担任外かという不安。自分の働き方を、どこか外圧（現場の人事的に仕方がないケースや行政への一本釣りのケースなど）で決められてしまうような不安があります。**ここまで自分で切り開いてきた人生を、どこか自分の意思と反する形で受け入れなければならない未来が待っている**のです。それも突然に。

僕が岩手県に戻ったとき、ある教育委員会に勤めている先生と再会しました。知り合った当時は中堅世代の先生で、大規模校でバリバリ活躍されていました。僕が千葉県で勤めていた11年の間に、その方は指導主事にキャリアチェンジされていました。

久々にお会いした僕が真っ先に聞いたことは「希望したのかどうか」でした。その先生は、「こういうのは巡り合わせだからね」と笑って答えてくれました。巡り合わせという言葉で逃げられた気はしましたが（笑）、自分の思い描くキャリア（あと何回は担任したい……など）とは別の形で巡ってくるものだと怖くなったことを覚えています。

例えば、秋から冬にかけて打診があったとして、「来年は担任できないんだ……」と覚悟を決めるには時間が足りないと感じます。秋から冬の数か月で、後半のキャリアを決めて良いのかとも思います。そんな短期間で人生の節目をつくることができるのだろうかと考えました。そして何より、目の前の子どもたちが担任する最後の子どもたちになった途端、きちんと締めくくれないかもしれないとビビってしまう自分がいました。

また、教務主任を務めていた先生からはこんな話を聞いたことがありました。「俺は先生方と立場は一緒だからね。管理職じゃないしさ、給料も一緒なのに、何で嫌われるのかな（苦）」と。

教務主任は区分としては教諭扱いです。担任サイドなはずですが、どうしても職員室では管理職的に立ち回る必要が出てきます。調整がうまくいかなければ頭を下げることも多いでしょう。そして授業ももちながら、誰かが休もうものなら補欠に入る。さらに、各行事においてリーダーシップを求められることも必須です。

毎日が不安との戦いだったのではないかと、その先生のお話を聞いて想像しました。

さらに、一番怖いのが担任をもち続ける恐怖です。

40代にもなって学級は崩せません。授業の質が高くて当然です。子どもや保護者との関係が豊かになるのは必然で、同学年の面倒見はピカイチ……。そんなスーパーな立ち位置が40代だとするなら、僕は怖い。もちろん、逆はもっと怖い。

40代になって、担任経験が20年ほどになれば、単純に20学級見てきたことになります(専科等の経験がなければ)。どう考えても、担任としてはある程度腕を磨いてきたはずです。同学年の先生方から見られるとすれば、それは「失敗できない」というプレッシャーにはならないでしょうか。学年主任を任されたならなおさらです。

すると、是が非でもいい学級をつくらなければならなくなり、歪んだ形で学級経営が進んでしまうケースも考えられます。絶対あってはならないことですが、自分自身に襲いかかるプレッシャーによっては、十分起こりうるケースです。もう、拗らせているとしか言いようがありません。

また、**別の怖さもあります。「手を抜いてしまう」という怖さ**です。

ある程度、学級経営や授業の勘所を掴んでいれば、「惰性」や「貯金」で働くことも可能になるのが40代です。大きく成長はしないが、大きなトラブルも起こらない。何となく1年を終えることなど簡単にできるようになってしまいます。残念ですが、そうした40代もたくさんいるかもしれません。

僕は、そうなってしまう自分を「怖い」と考えます。

貯金を切り崩して進むような学級経営や、教科書を何となくなぞって進めるだけの授業ができてしまう自分が怖いのです。

でも、実際どれだけ頑張っても給料は変わらない。同じ仕事をしたって評価が変わらないのだからそれも選択肢か……とも思ってしまうのも事実。

20代でできた冒険やチャレンジが怖くなるのが40代。

30代でできたミドルリーダーとしての改革や推進にブレーキがかかるのが40代。

40代は、ある程度経験してきたからこそ恐怖を感じるものです。その恐怖と生きていくのが40代なのでしょうか。

止まらずに行動する

恐怖を払拭する術が「行動」だと考えています。これは、実践や改革といった大きな行動ではなく、常に自分の「基礎代謝」を高めておくことを指します。

例えば、人に会う、本を読む、メディアに触れるといった、新しい情報を入れ続けるということです。入れ続けるというより、情報に触れているだけでもかまいません。

新しい情報に触れ続けるということは、自ずとワクワクしながら過ごす毎日につながります。自分自身に刺激を入れ続ける毎日は常にアイドリングしている状態と言えます。

学校全体の流れがわかっている40代。ミドルリーダーとして学校運営に携わっている40代。学級経営や授業もある程度安定している40代は、外への関心がなくなった瞬間に停滞し、淀みます。それが恐怖にもつながっているのです。

わかったようでまだ知らない学校の世界があると知るだけで、自分の奥に眠っている探究心や好奇心が湧いてきます。

僕自身、19年目にして初めて通知表の「所見」がない学校に勤めました。「書かなくていいんだ」と喜んだのも束の間、じゃあ何か余白ができたかというとそうでもありませんでした。

むしろ、子どもたちの頑張りや良さに目を向ける機会を失ったことの方が損失として大きく、それが自分自身のまなざしを鈍らせるきっかけになっているかもしれないと考えました。

それまでは、「所見不要論」を振りかざしてみたり、通知表自体の有無を考えていたりしましたが、初めての「所見なし」の経験が僕自身の教育観を磨いてくれたのです。40代になっても初めての経験をたくさん積み重ねることで、まだまだ若々しくいられるのです。

そういうときは決まって、不安や怖さよりも、好奇心が勝っています。

また、ある程度の経験を積んできているからこそ、新しい刺激が化学反応を起こす場合がたくさんあります。僕の所見に関するエピソードがそうだったように、相対的にいくつかの経験をしたことで、その価値を比較検討できるようになるからです。

単学級から4学級を経験すれば……、各世代の働き方を経験すれば……、多くの学年を経験すれば……、いろいろな学年主任との仕事を経験すれば……。その分多くの選択肢から熟考することが可能になります。それは40代の醍醐味と言えるかもしれません。**凝り固まった思考ではなく、いつだって柔らかくしなやかな思考でありたい。そう思えば、常に行動し続ける他ありません。それは同時に、不安や怖さを払拭するばかりか、立ち向かう手立てにもなります。**

土台があるから大きくチャレンジできるのが40代。そうしたチャレンジングな姿勢を忘れたくないと思います。

僕の好きな言葉に、「若い」という言葉があります。よく「若手」や「若い先生」という使い方をしますが、僕はそう使いません。

「若い」には、「衰えていない」や「生気に満ちている」といった前向きな意味が備わっています。決して、「年齢が若い」「年齢が下である」といった「歳の数」を意味するものとして使うだけの言葉ではありません。「若々しい」のように、ポジティブに使っていくイメージです。

20代30代はきっと単純に年齢的な「若い」を意味するのですが、40代は「生き生きとしている」という意味で「若い」と使って良いはずです。僕自身、そうありたいと願っています。

これは、50代でも60代でもそう言えます。

大抵「若いなあ」と思うベテランの先生は若手からも学び、本やSNSにも精通しています。しようとしてくれます。

以前ご一緒した管理職の先生は、僕と変わりなくSNSに触れ、著名な先生方の情報を得ていました。職員室でお話しするのがとても楽しかったことを覚えています。専科の授業を楽しんだり、公務を積極的にデジタル化していったりしようとする教務や主幹の先生もまた、行動し続ける姿に「若々しさ」を感じていました。

これから40代を生きていくということは、進み続けるということを意味します。**貯金を切り崩すような授業、平均点で終わらせるような学級経営とは真逆の「攻めの心構え」をもつ**ということです。

まさに、今に振り切って突き進む。それが、分岐点を迷わず進む生き方になるのでしょう。

いい加減と適当を心得る

子どもたちによく「いい加減にしなさい」と言う（叱る）ことがあります。また、「テキトーにやるんじゃないよ」と言う（釘をさす）こともあります。

しかし、この2つの言葉は決して普段使っているようにネガティブな意味だけではありません。むしろ、「適切」と言える言葉であり、40代にとっては上手に使っていかなければならない言葉だと考えています。「ちょうど良い」を大切にしなければならないからです。

いつまでも本気になってバリバリ動き続けるのはある意味大人気ないとも感じます。勉強会仲間と同じ実践をしたとき、どう考えても経験値が高いのは40代です。自分の力を磨き続けることは大切ですが、圧倒的に差を見せつけてしまうのは少し違います。

また、難しいことを難しくなさそうにやってのけるのが40代だとも考えています。器械体操を見ていればわかると思いますが、やっている選手らはいとも簡単に技を繰り広げます。スマートに、スムーズに淡々と技をこなし、ぴたりと着地します。「頑張ってる感」は決して出しません。

自分の体重、筋力がわかっていて、身体の可動域や重力加速度などがすべて頭の中に入っている。その状態で運動神経を「適当」な形で働かせるから、ああいう美しさを体現できるのです。もちろん、近くで見れば小刻みに震えている様子も見えますが、いかにその雰囲気を出さずに「いい加減」でお客さんに見せるかが美学なのです。

同じように、**40代も必死感を出していては落ち着きなく見えてしまいます。どんなときも「大丈夫、何とでもなる」とどっしり構えていたいもの**です。内心まずいなあと感じていても、笑って吹き飛ばすくらいの余裕が必要かもしれません。そういう意味では、いい加減も適当も「肩肘張らない言葉」として使えるのではないでしょうか。

しかしながら、加減が効かない、適当に済ませられない気持ちがわからないわけではありません。

それは、頭の中に「実践を残しておきたい」というエゴが働いてしまうからです。

僕の場合、実践を教育雑誌に載せられるように残したい。残しておかなければ、と思う節がないわけではありません。子どもたちの事実を用いて書籍にまとめたい。そんな打算的な考えが浮かぶ瞬間もないわけではありません。

それは、40代という事実が「いつまでも担任ができるわけではない」というフェーズに入っているからです。変な話、やり残しや自分の伸び代がわかっている分、焦ってしまう気持ちがより加速する気がします。

また、雑誌原稿や書籍の記事に関係なく、一担任としても後輩に指導できるように事実を残しておきたい。指導案検討など、校内研の場で建設的に意見できるように実践をまとめておきたい。いずれ指導的な立場になったら教室の事実を引用して話したい……という意識が働くのは当然かもしれません。

それゆえ、「今のうちに」「残りの数年で」と気持ちが焦ってしまい、子どもたちの実態を半ば無視してしまうような形でゴリゴリと実践を推し進めてしまうケースに陥ります。

そこには「いい加減」などなく、「適当」というよりは「不適切」に力が働いてしまうのではないでしょうか。同年代を見ていて、その力をコントロールできずに若手と肩を並べてしまおうとする40代にはなりたくないなあというのが本音です。

これもまた、何かへの「恐怖心」があるかもしれません……。

僕の好きな言葉に「過ぎたるは猶及ばざるが如し」という孔子の言葉があります。これは、「何事もやり過ぎることは、やり足りないことと同じくらい良くない」という意味で、中庸が大切であることを例えた言葉です。

まさに、加減が大事、適当でありなさいということだと捉えています。

もしかしたら、20代は力が及ばないかもしれない。30代は経験が及ばないかもしれない。だから「足りない」と考えることができる。

しかし、40代は力も経験もあるのだから、それを発揮し過ぎてはならない。「やり過ぎは良くない」と言えるでしょう。それは、どっちみち「及んでいない」のです。

40代に入ったからといって立ち止まって良いわけではなく、それでいて突っ走ってもいけない。さらに分岐点もある中でいかに中庸を保ち続けるかが、40代には問われているのだと思います。

自分の力の加減、自分の力の最適化をどう図っていくのか、考えてみたいものです。

引き際のタイミングを考える

40歳の誕生日を迎えた後の2学期、陸上練習がスタートしました。

もともと体育指導に力を入れてきたこともあり、子どもたちと陸上練習に取り組む時期は嫌いではありませんでした。

以前先輩から、「師範演技は35歳まで」と言われたこともあり、それ以降はあまり実演しないように心がけてきましたが、それでもまだ自分がどれくらいできるのだろうかと試してみたくなることがあります。

僕は、40歳が１００ｍを走ったらどのくらいのタイムが出るだろうかと考えていました。

そして、２年目の先生に勝負を挑みました（笑）。結果は負け。タイムは14秒２くらいだったと記憶しています。体育指導において、いや、立ち位置として、僕が本当に引かなければならないタイミングを彼は与えてくれたのでした（それでも引き際としてはかなり遅い！）。

話は変わりますが、千葉県で勤めていた頃、８年連続で体育主任をしていました。年度はじめの運動会提案も陸上練習も、プール管理もマラソン大会も、全て企画運営してきました。

そして35歳を迎えた年、僕は体育主任を後輩に譲りました。「引かなければ」と考えたからです。しかし、行事のたびに口出しをしていました。頭では引こうと考えていても、どこか「俺のほうがやれる」とまだまだ後ろ髪を引かれていたのです。

35歳ならまだもう少し走れました。陸上練習で１０００ｍを引っ張るくらいはできたと思います。しかし、40代に入った今はもう無理です……。

当時は後輩に渡しきれなくて、任せきれなくて、干渉したくて、引ききれない自分がいました。でも、１００ｍに負けたあの日、もう自分は「おやくごめん」として不要な存在になったのだと感じました。……というか、美しくない生き方だと感じました。

僕たち40代は確実に後輩育成の立場にいます。ＯＪＴの視点から考えても、かなり影響力の大きい立場にいるはずです。

しかし、**後輩を育てていくとき、「何かを教える」「何かをして見せる」という育て方以上に、「目の上のたんこぶにならない」という意識が必要**です。後輩の成長に対して邪魔になってはいけないということです。

30代ならまだ「先輩」として風を吹かせることがあっても、40代が吹かせる「先輩風」は、偉そうで見下しているようで自慢げです。自分が20代だったら嫌な40代だなと思うことでしょう。

直接的な指導とは別に、身を引くことでスペースを開け、伸び伸びと力を発揮できる環境をつくってやることも、40代ならではの「育て方」ではないでしょうか。そのために、引き際は考えなくてはいけません。

やっかいなことに、日常的に仕事をしていると「引くタイミング」を掴みきれないことがあります。「まだできる」「もう少しやれる」と思ってしまうのです。

１００ｍ走のように完敗を喫すれば「引導」を渡してもらえるのですが、授業や学級経営、分掌仕事では明確な線が引けず、ずるずるといつまでも居残ってしまうのも事実です。下手に「古舘先生お願いします」と言われたら断りきれず、引き受けてしまってきました。

しかし、それではいつまで経っても「いい加減」の仕事はできません。恐怖心からも逃れられずに「選択の余地のない仕事」を続けることになるでしょう。

だから、ある意味40歳という節目、40代という新しいステージになったタイミングで働き方、いや生き方を考えたいのです。「もう40だから」という言葉は、なかなか説得力があると思います（同時に、非常にずるいセリフだとも思っています。笑）。

サッカーの世界で有名な話では、中田英寿選手は２００６年のドイツワールドカップを最後に電撃引退しました。当時29歳の若さでの引退は、大きな衝撃を呼びました。周りから見ても「まだまだできる」と思われている中での引退は、「この後どうするんだろう」という彼の生き方もまた、必然的に考えさせられたものでした。

逆に、我らがスター「キングカズ」こと三浦知良選手は、２０２４年6月にアトレチコ鈴鹿に期限付き移籍を果たしました。まだ「引退」の気配はありません。

18歳でブラジルのサントスとプロ契約を結んだカズは来年58歳になります。プロ40年目の節目を迎えるのだそうです。

5年後を想像する

ここまで、40代という分岐点をどう生きるかについて述べてきました。

・折り返しを生きる…………教職の後半戦を意識する
・届く案内と対話する………進路を決めるのは自分
・恐怖心を抱えて進む………退路はなき恐怖心との戦い
・止まらずに行動する………攻めは最大の防御
・いい加減と適当を心得る…必死さよりも美しさ
・引き際のタイミングを考える……自分に引導を渡す

そこで、この章の最後に「5年後」を想像してみたいと思います。

僕の初任校は千葉県でした。地元で2年間の講師をしていましたが、初任者研修を受けたり同期ができたりした意味で、千葉県の学校をスタートと位置付けます。

初任校では「5年間」お世話になりました。そして2校目は「6年間」お世話になりました。

岩手に戻って新規採用となり、そこでも「5年間」お世話になりました。

この経験から、「5年間」はあっという間だということを身をもって感じました。そして、人生の転機は割と「5年間隔」で訪れるとも感じています。もしこのまま教職として後半戦に「折り返し」たなら、4校を5年ずつ回る計算で退職のイメージです。

そして、学校現場において在籍6年目は少し長く感じます。引き際を見極められていないとも思います。「6年間」というのは、小学校現場においては1年生で入学した子どもたちが卒業してしまう期間です。中学校現場では中1から中3までのサイクルを2周できてしまう期間です。その間に、「異動対象」として進路の決断を何度も迫られます。「子どもたちの卒業と一緒に」という進路の決め方は「自分で決めた」と言うには少し言い訳になってしまいそうです。

また、6年間も在籍していれば職員室における「年長者」にもなってしまいますし、誰もが頼る存在になってしまうでしょう。40代ならなおさら仕事の安定感が求められ、チャレンジしにくくなって停滞してしまったり、後輩育成のことを考えれば加減して働く必要も出てきたりします。

若い頃の経験ですが、5年で出た初任校と、6年在籍した2校目では、ずいぶん立ち位置や意識が変わったことを思い出しました。惰性で長く居すぎるのは、やはり良くないと感じています。過ぎたるは……です。

僕は41歳を迎える年に異動しました。前任校の在籍が6年目になってしまうデメリットや、自分自身の停滞への恐怖心、引き際を考えたときに異動を視野に入れました。異動して随分苦労していますが（笑）、それでも自分に対する刺激を自分で入れることの大切さや、誰も知らない学校へ行ってゼロから仕事を進める毎日を思えば、その選択は間違っていなかったと感じます。毎日必死ですが、いかに美しく生きるかを考えています。

5年先、僕は（あなたは）何をしているでしょうか。

40代に入ったばかりは、まだ30代の名残で働くことも可能ですが、5年後となると「アラフィフ」というカテゴリーに入り、50代が見えてきます。そのときはもう、40代の働き方というよりは50代の働き方を意識し始めるかもしれません。40代の働き方を考える、分岐点を生きるのはあと5年と考えて良いでしょう。

古舘家の長女は今年度、6年生になり、12歳を迎えました。5年後は高校2年生。一番下の子も3年生になっています（考えただけでゾッとします）。そのとき、どんな父親になっているのでしょうか。学年主任か、一担任か、担任外か、行政か。公務員を辞めている可能性もなくはありません。

そう遠くない未来。でも今の勤務校を勤め上げる程度の期間をちょっとだけイメージしておくのも楽しそうです。少なくとも、今の勤務校に5年以上務めることはないとだけは言っておきたいと思います。

そうやって決めると、「期限付きのチャレンジ」ができます。**終わりがわかっているからこそ、残された時間を大切に感じられる**からです。

1年勝負を繰り返す学校現場だからこそ、そのサイクルに埋没することなく、ちょっと先の数年、5年後を見据えて働いてみるのもまた、自分の力加減を考えたり、引き際を見極めたりする生き方の工夫ではないでしょうか。

Column

40歳の秋，同級生の渡辺道治先生，５つ年上の藤原友和先生を盛岡にお招きして講座を開催しました。

力のある同級生に刺激をいただき，５つ上の先輩の背中から学ぶ，貴重な機会でした。

自分を取り巻く環境にこだわりたいと思ったものです。

2章

「生きる姿勢」のマインドセット

Mindset

姿勢に気を配る

小学生のとき、「良純くん、背骨が曲がっているよ！」と言われ、教室の１ｍものさしを背中に入れられたことがありました。もちろん、それが体罰だとか教育的行為ではないとか言いたいわけではなく、その頃から僕の姿勢は悪かったということです。

社会人になってサッカーをしているときも、「良純はいつも猫背でプレーするなあ」と先輩から言われていました。無意識にプレーすると地が出てしまうんだと、姿勢を気にしてプレーするようにしていました。

でも、別に良かったんです。それでも20代は筋力やバネがありましたから、パフォーマンスに心配はなかったわけです。30代に入っても、まずまず趣味のレベルで楽しむことはできていました。

でも、40代になると違ってきました。偏りからくる疲れ、バランスの悪い身体の使い方、持久力が続かなくなり、翌日のダメージも大きい。それは単に体力がなくなったとか、年齢のせいだとかではなく、姿勢が大きく関係しているだろうと考えていました。

あるとき、ショート動画を見ていると、「いつやるの？　今でしょ？」で躍大ブレイクした林修先生の言葉が流れてきました。「姿勢の良い不良はいないでしょ？」という言葉でした。林修先生の授業を受けていた母親たちは、虚を突かれたかのように笑いながら大きく頷いているのです。

同じような話を子どもたちにもします。「姿勢が大切だよ」と。「先生の時代はね」とものさしの話を引用しながら笑いを交え、でも脳の発達の側面から考える姿勢も意識し、本気で説明しています。

ヒトはもともと四足歩行でした。四足歩行のときは、頭の重さを支えるために、頭が小さかったと言われます。犬や猫の頭が小さいのもそうした理由かもしれません。

しかし、二足歩行になり、「頭を支える」というよりは「体に頭を乗せられる」ようになったことで、脳がより発達しやすくなり、重くなってもよくなったと言われます。

姿勢が悪いということは、重さ５kgとも言われる頭を不安定な状態でキープするということです。筋力の弱まっている40代にとっては大変な負荷となります。四十肩とはよくいったもので、本当に首や肩にガタがくるのが40代なのでしょう。まあ、そう考えると40代に限らず姿勢を良くしようと思うのは当然です。

ただ、それ以上に「見た目としての姿勢」が大切だと痛感します。

例えば若い人で姿勢の良い人は「育ちが良い」という表現をされがちです。でも、年齢を重ねた人の姿勢は「努力や習慣」によって形成されるものだと捉えられます。20代の姿勢の良さを美しいと表現することはなくても、ある程度年齢を重ねた姿勢の良さは妙に美しいと感じます。そこに「姿勢への意識」が働いていることが見えるからです。

さらに、姿勢の悪さは消化吸収の悪さと直結しています。代謝が落ちる40代は、食事に気を配らなければ簡単に体重が増えます。そして落とすのが難しい。楽な姿勢によって筋力バランスを失い、姿勢の悪さが拍車をかけて体にダメージを蓄積していきます。

40代とは関係ないかもしれませんが、世の中の敏腕経営者らは、そのほとんどがスリムです。朝方の生活をしたり、ジムに通って体を鍛えたりしています。裏を返せば、**自分の体をコントロールできない者にそういった資質はない**と言えるのではないでしょうか。

コーネル大学のジョン・コーリーによると、体重の重さに対する賃金の差はマイナスに働くと言われているほどです。

個人的な話ですが、僕は39歳まで20代の頃に買ったスーツを着ていました。40歳になるタイミングでオーダースーツに新調しましたが、それは決して「キツくなったから」ではありません。また、入学式や卒業式用のブラックスーツは、今なお初六担をした当時のものを着用しています。

新調して、着心地に少し余裕はできたものの、これもまた体型で買い替えることのないようにしたいなと考えているところです。

40代を着こなしていくというのは、まず自分自身の体をコントロールするところからスタートしそうです。

言葉を選ぶ

30代の頃は、会議のたびに「はい」と手を挙げて、「これはこうじゃないですか」「あれはどうなっているんですか」「ここってこうですよね」と、それぞれの提案に対して、何か一つは突っ込んでいこうと考えていました。

職員「会議」という名前が付いているので、その場は「連絡」とか「打ち合わせ」ではない、先生方と議論する場だと思っていたんです。そういうこともあって、何か気づいたら喋ろう、何か気になったら聞いておこう、不都合が起きそうだったらあらかじめ手を打っておこう……。そんなつもりで発言をしていました。

ただ、30代後半から「なにか違うな」と感じはじめ、40代になって明らかに思うのは、「あなたは黙ってなさい」ということでした。というのは、何でもかんでも言えばいいわけではないということがわかってきたからです。

僕は「雄弁は銀。沈黙は金」という言葉が好きでよく使います。要は、「こういうこともあるよ」「こういうことも知っているよ」「こうじゃないか、ああじゃないか」っていうふうに雄弁になればなるほど、「金にはなり得ないよね」ということです。

口は災いの元とも言いますから、ぐっと飲み込む、後で確認する、我慢する。そういった「沈黙」を選んだ方が賢い場合もあるということです。だから、雄弁は銀。沈黙は金を自戒を込めてよく使います。

もちろん、「何を言えるか」ということも大切で、例え銀でも2番なので大切だとは思います。でも、雄弁な銀というのは沈黙の金には勝らないというところが、思想家のトーマス・カーライルさんの言葉で残っているわけです。

そう考えると、**40代に入ったら、言葉を選ぶということからも、「沈黙」を大事にできる人でありたい**と思うようになっています。

もう一つ紹介したいのが、お笑い芸人であるスピードワゴン小沢さんの「何を言うかが知性で、何を言わないかが品性である」という言葉です。これは、金と銀の話にも通ずるところがあります。やはり物を知っているとか、たくさんの視点があるとか、知識が豊富で、感性が豊かで……となると、発言にも知性が出てくるわけですよね。

自分で言うのも調子に乗っていますが、僕が30代のときに職員会議で物を言っていたときは、少なくとも「知性的」ではあったと思います。先生方も「確かにそうだな」と思ってくれたり、「ああ、そこ気づかなかった」と、一歩先に手が届いたりしていたはずです。それはそれで、僕は役割を果たしていたと思います。知性要員として。

ただ、そこに乗っかって**天狗になったりとか、周りが見えなくなっていったりとか、「何か言ってやろう」ということが先行して目的不在になってしまうと、何でもかんでも喋ってしまおうとする。そこに必ず「品のなさ」というのが生まれてくる**んです。

例えば、言い方は悪いのですが、ちょっと立場の弱い先生方に負担が重くなるとか、逆にある先生へのしわ寄せが強くなるとか、そういったバランスの崩れを生んでしまうこともあると考えます。合理的すぎるのです。

だから僕は、常に「雄弁は銀、沈黙は金」を大切にしています。雄弁であることも大切だが、黙っておくという身の振る舞い、美しさを考えようと思う心だからです。「何を言わないかが品性である」というように、**知性を見せびらかした品のない行為はやめよう**と思うのです。

これは30代のときに何事にも突っ込み、発言してきたからこそ相対的に40代の生き方として見える部分だと考えています。それらの経験が「言葉を使う」という生き方に現れてくるだろうと思うのです。

そして、**40代になって黙るということを覚えてくると、出された提案の中でどうやりくりしていくかという知恵を絞るようにもなります。**「この部分は先生方と話して調整が効くだろう」と、二手三手先を読んで提案を受け止めておけるので、その場で言わなくても、「あのときの提案なんだけど」と言って、後でゆるやかに変えることができるのです。それは、決して自分の都合で裏でやり取りすることとは違い、提案者の内省を促したり、違う角度から提案を見つめ直したりするという視点で話しています。

そして、提案者が「ああ確かに」と思った形で、再提案がされるので、**あくまで提案者のメンツを潰さず、その提案を軸に関わる**ということになります。この辺りが40代の言葉の選び方（関わり方）なのかなと思っていて、意識していきたいと考えています。

引き立たせる

前項で、「金と銀」という話や、「知性や品性」という内容の話をしましたが、そういった「相対的な考え方」をもったり、「コントラストに注目」したりすることはとても大切だと考えています。

光があれば影があり、楽しさがあれば悲しさがある。それは職員室の構図も同じで、目立つポジションもあれば縁の下の力持ちもいるわけです。ここでは、すべてが表裏一体であるということについてお話をしていこうと思います。

40代になってくると、どちらかというと表だった仕事は若手に振ったりとか、学年主任の先生は後輩に仕事を託したりとか、そういうポジションになってくると思います。もちろん主任を担っているがゆえに、提案事項や決定事項が付随してくるとは思いますが、表立って活躍するのは20代30代なのかなと思います。

そう考えると、40代っていうのはいかに影になるか、裏方を選ぶか、縁の下で若手を支えるかというところに仕事の醍醐味があると思うんです。「いぶし銀」みたいなところが出てくるんじゃないかなって考えています。

やはり、僕も20代とか30代の頃は目立ちたかったというか、人前に立ってなんぼ、子どもの前に立ってなんぼというところで働いていた気がします。もちろん若さもあったと思うし、ガツガツいける勢いもあったと思います。だから、人前に立つということを率先してやっていたし、周りを見たときに「自分が行くしかない」なんて思っていました。

でもそれは、「僕が行くしかない」と思っている反対側に、「お前行け」という、40代とかベテランの先生方の、物を言わぬ圧力が働いていたと今なら思います。いわゆる空気感というか、職員室内の序列的に。だから僕は行くしかないと思って、やりますと手を挙げていたのでしょう。それで「いいぞ」「若手行け」と背中を押してもらっていただけで、それは40代というところの立ち位置から、「俺たちは影でいいから、君が目立ちなさい」という、そういう暗黙の了解だったのかなと今考えることができます。

そう思うと、今40代に入ってどうしたら若手の先生がのびのび働けるかとか、若手が前でリーダーシップを発揮できるかというところをすごく考えるようになりました。

料理なんかでいうとカレーライス。カレーとご飯は20代30代でいいと思うんです。40代はちょっとパセリを散らすくらいの感じですよね。お寿司で言えばわさびくらいの感覚です。どちらもメイン料理を引き立てるものであって、決してメインではない。でも、「あったら花が出る」という、引き立て役なんです。そういうところが40代の働き方なんじゃないかなと思います。

メインはあなたが担当するし、提案はあなたがしていくんだけど、そこに40代が花を添えようという関わり方が大切なんだと考えています。

例えば若手が陸上練習の提案をし、陸上練習を引っ張っていくとします。そこで、表立って子どもたちに指導する、メインディッシュの働きはあまりしないわけです。それはもう場数を踏んでやってみるしかないと思っていたりするので、若手の先生方はどんどん経験して、場合によっては失敗もすればいいと思っています。

ただそこに、「一味加える」とか、「花を添える」というのが40代。どんな立ち位置で指導できるのかというところだと思います。

だから、**子どもたちに指導していくとき、メインの指導は若手の先生がするとしても、僕は「○○先生からどう言われた?」と聞きながら指導します。**「そうか、じゃあここに気をつけたらもっと良くなるぞ」って、**若手の先生の指導を軸に微調整してあげる**ように関わっています。

その先生を立てつつ、自分のこれまでの経験値をうまく出していく。そうやって子どもたちと細く、でも確実につながっていける立ち位置っていうのが、この40代なんじゃないかと思うわけです。

若手のときのような勢いはないし、親近感もないかもしれない。場合によっては40代って、子どもたちにとってはお父さんお母さん世代だったりするので、お兄ちゃんお姉ちゃん感覚ではいられません。

そして友達感覚で休み時間に遊びもしない。お父さんお母さんぐらいの年代の先生なわけだから、そこの距離感というのは見極めていきたいわけです。

全体を指導する、集団を率いるような指導ではなく、玄人の指導というか、ここぞというときにピンポイントで針が打てるような、そんな指導を目指していきたいと考えています。

若手も30代も引き立てながら40代という立ち位置を確立していく。そういう引き立て役に心地良さを感じているのも事実です。

世代間のギャップを意識する

みなさんには話したい相手がいるでしょうか。40代になると、どうも「中堅」だとか「ミドルリーダー」だとか、「ベテランの域に達する」だとか、そういった立ち位置に追い込まれていくと思うんです。でも実際、40代って学校現場で考えると中間地点なんですよね。

一番下が20代、一番上が60代、次が30代、そして50代だとすれば、40代というのは折り返しの年にあたるので、下にも上にも同等数の年代層がいると考えられます。

そう考えると、**ミドルリーダーとか中堅教師だとか、ベテランという域に入るとはいえ、上の世代の先生方には、まだいろんなことを教わったり学んだりしていける。そんな年が40代**なんじゃないかと思うんです。

考えてみると面白いんですが、自分たちが20代とか30代のときは、40代の先生ってかなり年上の感覚だったと思います。かなり年上に見ていたと思います。40代って、もう手の届かない存在というか。でもいざ40代になってみると、まだまだ精神年齢20代とか30代の感覚なんです（笑）。実年齢は40年目に入るけれど、若い世代とまだまだ対等に話していたいって思う自分がどこかいるんです。

だから、20代30代の先生と話していると、まだまだ自分も若々しくいられます。でもきっと、**20代30代の先生からすると40代の先生って結構上に見られている。このギャップは結構大きい**と思うんです。

自分が考えている後輩というところの心理的距離の近さと、20代30代が考えている40代との心理的な距離感は、決してイコールではないということです。

これは、50代60代の先生が僕ら40代に対しての感覚と変わらないんじゃないかと考えています。フレンドリーに話をしてきてくれているんじゃないかなって思うんです。

でも僕ら40代からすると、50代60代の先生方というのは、すごい枠に達していると思っていますよね。そこまで続けられた力のある先生だって思ってしまいますし、何なら管理職になっていれば、「管理職の先生」と一線を引いてしまって、自分たちとは違う職種の人なんだと考えがちです。

つまり僕ら40代が60代を見ている感覚と、60代が40代に感じている感覚っていうのは、ズレがあるんじゃないかなということです。それは僕らが20代に感じている心理的な近さと、20代が感じている40代に対する心理的な遠さっていうところと大きく変わらない気がしています。

つまり、**僕ら40代というのは若手の先生と対等に付き合いつつ、僕たちのことを近い存在だってきっと思ってくれているはずの50代60代の先生にも、変に気を遣わずにどんどん関わって行けたらいい**んじゃないかなと考えるのです。

そうやって話していかないと、「もう40だから」と若手でもベテランでもない中途半端なポジションに苦しむことになりそうです。「まだ弟分でいいんだ」という感覚を忘れてしまうと、なんか妙に落ち着いてしまって、チャレンジングなことができなくなりそうですね。

でも、先輩方が経験してきた武勇伝というか、良くも悪くもやんちゃな経験も聞いておけると、「まだまだ収まっている場合じゃない」と自分を鼓舞することもできます。そうやって自分の身の回りにいる先生方とうまく付き合って、距離感をつくりながら40代を過ごしていけたら、とっても豊かな教師人生になるんじゃないかと考えています。

やはり20代30代の先生とは「まだまだ負けないぞ」っていう勢いで付き合いたいし、でも50代60代の先生とはちょっとどこか対等に、ちょっと背伸びして、どこか一緒の感覚で話ができたら、こんなに楽しいことはないと思うんです。

40代というのは、そういう間柄を逆手にとっていい意味で距離を詰めて話ができるんじゃないか、そうやって距離を詰めた先に、例えば学校改革であるとか、公務改善だとか業務改善だとか、そういった革新的な部分への進言というものが可能になってくるんじゃないかと考えています。

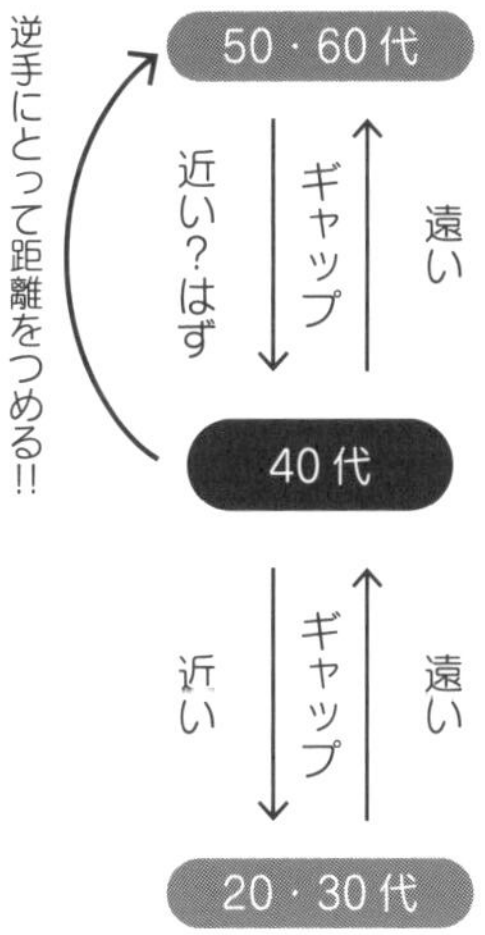

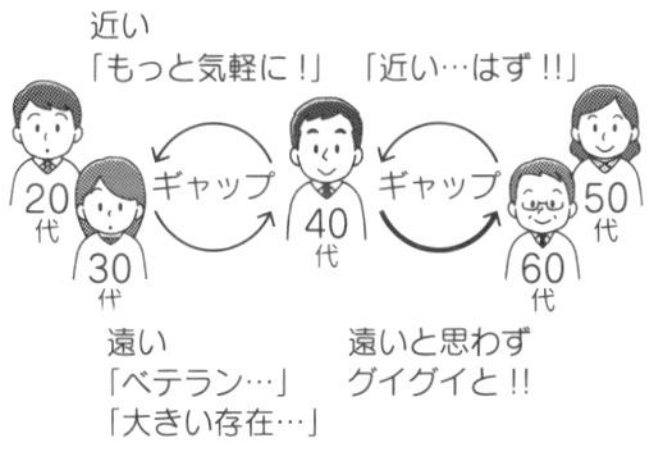

「脱思考」でしなやかに過ごす

現代は、常に何かを考えていなければいけない時代に入ってきていると感じます。Society 5.0と言われる中で、ＡＩが急激な進歩を遂げているのもその一要因です。たとえば、ＡＩ活用も「プロンプト」をこちらがきちんと考えないとうまく機能しない状態ではないでしょうか。情報化社会の中で先行きがわからない時代に入ってしまいました。

この不透明な世の中をどう進んでいったらいいのか。これも考えるしかありません。いわゆる絶対的な答えがなくなってしまった世の中です。

そんな中で、僕たち40代は難しさを感じている世代ではないでしょうか。失礼な物言いになりますが、50代とか60代の先生は、「もうあと何年か経てば終わる」というような感じがなくはないと思うんです。場合によっては、もう管理職になり、学級担任をしなくなる先生も多いので、あと何年か乗り切れば……という感じかもしれません。

でも僕たち40代は、間違いなくあと10年は担任する可能性があります。そうなったときに、10年間子どもたちを育てていったら、例えば今年担任した子どもたちは10年後には20歳になっていて、いよいよ社会に出ているわけです。今以上に不確実な社会になっている可能性は高く、職業だってどう変化しているかわからない。そういった世界が確実に来るわけで、そんな社会に飛び込ませることを前提とした教育を向こう10年する必要があるわけです。

そうなると、**答えのない時代において、まず教師が答えを見つけるために考えなければいけない。とにかく思考しないといけないわけ**です。

指導書通り・教科書通りの授業ばかりしてはいられず、どんな力をつけたいのか、身につけたいのかを考えなければいけない。「時代」に、ある意味最適化させた教育が必要になります。

20代30代も考えなければならないのは一緒ですが、でも40代と違うのは先が長いということです。30代なんてのは働き盛り真っ只中ですから、寝る間を惜しんでできるわけです。でも、40代が同じようにゴリゴリ考えているっていうのは、またどこか違う気がしています。というか、美しくない。

やはり**40代になってしなやかに働いている、働けていける人というのは、僕の中では「脱思考」**なんですね。もうめっちゃ考えるっていう「超思考」とは逆なんです。

つまり、考えなくても何となく日常がうまく回せるようになっていける感覚を得るのが40代だということです。これは、ある程度経験があるからできることで、例えば料理に置き換えるとわかりやすいと思います。

20代の自炊なんていうのは、ある程度、肉を焼いてキャベツの千切りにご飯を炊いておけば何とかなるみたいな感覚だったと思います。

でも、だんだんそれだけじゃ物足りなくなってきて副菜や汁物の大切さに気づくと、バランスというものを考えた料理ができるようになってくる。それが30代。

そうやって毎日のように包丁を握り、フライパンを振って料理をしていくわけですよね。そういった分厚い経験があるからこそ、40代になったときってあんまり考えなくても料理ができるようになるんです。

とりあえず冷蔵庫を開けて、「これで何とかするか」みたいな感覚で料理ができるようになる。ちょっとしたものでおしゃれに作れるようになったりするし、本気出したらまあまあちゃんと仕上げるのが40代。

自分がこれまで研いてきた刀というか、力をより一層輝かせるために磨けるということなんです。**20代30代でたくさん指導案を書き、たくさん学級通信を書き、たくさん子どもたちとぶつかり合い、保護者ともいい意味で顔をつき合わせてきた。そういう経験が40代になって総合的に力を発揮できる**ということにつながります。

「考えない」ことによって、そういった自分のこれまでの経験が脱力した形で発揮できるので、より柔らかさも帯びてくるはずです。考えない時間を意図的につくる。脱思考の状態にあればあるほど、やはりアイディアも生まれやすいと感じています。40代は、この**20代30代で経験してきたことを「一旦捨てる」、「忘れる」、「思考しない」**というレベルに達して、その中でふわっと閃いてきたもの、たぶんそれはこれまで打ち続けてきた点が、あるつながりを生んでピンときたというところですよね。そこに新しい働き方であるとか、授業であるとか、柔らかな創意工夫が出てくると思っています。

強い色を使わない

若い頃、服装の色に気をつけていました。月、火、水、木、金、土、日で色を変えて生活していたんです。例えば、月曜日「赤」、火曜日「黄」、水曜日「青」、木曜日「緑」、金曜日「オレンジ」、土曜日「白」、日曜日「黒」みたいな感じで過ごしていたんです。

講師をやっていた時代にお世話になった先生の影響でそうしていました。その先生は、講師の僕と一緒のタイミングで学校を離れることになり、送別会のときに同じテーブルに座っていました。そのとき「次の学校では何年生を担任するんですか?」と聞くと、1年生だと教えてくれました。「1年生ですか! いいですね。1年生でどんなことしたいんですか」と尋ねました。すると、「とりあえずジャージを3つ買った」と言います。僕はまた「どういうことですか?」と聞くと、「赤いジャージと青いジャージと白いジャージを買った」って言うんです。で、僕がよく理解していない顔をしているのを見て、「1年生っていうのは情操的な教育っていうか、色の与える影響って結構大きいと思うんだよね」と説明してくれました。「とりあえず今は3着だけど、この後色を増やしていく予定」みたいなこともおっしゃっていたと思います。

そして単純な僕は、簡単に「なるほど！」と思ったわけです。それまでの僕は、プライベートの服やサッカーの練習着の好みがあって、メーカーで選んだりデザインで決めたり、自分の好きなものを買っていました。でも、「子どもたちに与える影響」を考えたときに、**職場では「好み」じゃなくて、「指導」として分けて考えていた方がいい**んじゃないかと考えました。

そうした経緯もあって、月曜日「赤」、火曜日「青」、のように7色くらい用意して着ていました。とにかく毎日違う色を着て学校に通勤していました。今考えると、「真っ赤」「蛍光黄色」など、とにかく強い色、派手な色を使って着飾ってきました。

しかし、40代を意識したあたりからでしょうか。「1色」と決めて、その色だけで過ごせるようになってきました。例えば「同じ白シャツ」を3枚買って着回すとか、「黒シャツ」だけを用意して着続けるとか、そういうことです。

ちなみに40歳の1年間は、白ばかりを着て通勤していましたし、41歳になった今は黒一択でずっと勤務しています。

単純に派手な色を着て過ごすのが恥ずかしくなってきたこともありますが、やはり強い色は自分のエネルギーも吸い取られてしまうような感覚がありました。「若さ」というのは、強い色に対抗しうる大きな「エネルギー」なのですが、40代では色の力に太刀打ちできない。そんな感覚になりました。

そうやって、強い色を使わないということと同時に、「自分というカラー」を強く意識するようになってきました。「その人」のもつ色そのものです。つまり**古舘良純という人間が教室に入ることによって、どういう影響を及ぼすのかということを考え始めた**わけです。

毎日黒で過ごす中で、黒を見せ続ける状況の中で、いかに表情の色を出すかどうかとか、纏う空気の色をどう調節するかとか、もっと言えば「目線」とか「仕草」とかにいかに鋭い色をつけるかという意味での色付けを考え始めたんです。

やはり、若い頃はビビットカラーみたいなものも似合いますし、そういった明るい色の力に負けないエネルギーがあると思うんです。でも、そういった「外側の色に頼らない指導」という意味で40代を色付けたいと考えています。

でもこれは、若手の頃にきちんと「色の力」に頼っていたからこそ考えられることかも知れません。だから今は、直接的な色には頼らなくなっても大丈夫なのです。

そして、若手のときに磨ききれなかった表情や仕草というところを、今40代で磨き、自分自身の色を出していこうと考えているのです。

これといった色で表現することはできない**「印象」だとか、「影響」について、40代になってコントロールできるようになってくると、より指導の深みが出てくる**のではないでしょうか。

余談ですが、子どもたちに教室を色で表現させることがあります。すると、多様な色で表現します。例えば、「明るい」と言う印象を「黄色」で表現する子もいれば、「水色」と表現する子もいます。黄色は教室の雰囲気、水色は大空のようだと教えてくれました。また「さわやか」を「黄緑」や「ピンク」で表現している子もいました。

物理的な色が教室になくても、子どもたちは教室の色を感じ取っているのだと実感したエピソードです。

さて、「先生の色」は何色でしょうか。

ズボラを楽しむ

突然ですが、「ズボラ」という言葉を、割と「可愛げ」と感じてしまうのは私だけでしょうか。

本来「ズボラ」というのは、「だらしがない」とか「態度に締まりがない」とか、「しっけがなっていない」といった意味ですが、「ズボラ」と言い換えると、不思議と可愛い感じがします。「抜けている」のように少しその意味が柔らかくなる気がします。「ズボラ飯」という言葉もあるように、「だらしない」というよりは、少しだけ優しい言葉に変わる気がします。

だから、結構きつい感じに聞こえる「だらしない」というより、積極的に「ズボラ」という言葉に変換して都合よく使っています。

調子に乗った話をしますが、若い頃の僕は、「落とす」ということがあんまりなかったんですね。物理的にペンを「落とす」ということではなくて、「予定を落とす」とか、「回答期限を落とす」とか、そういう仕事上の「落とす」がなく、いわゆる完璧に近い形でこなしていました。例えばアンケートには締め切りまでに必ず答える、何ならそれよりも早く完了する、といったように、いろんなところできちっと仕事をしていたのです。

でも、40代に入って考えると、「ズボラを楽しむ感覚」がないとしんどくなるなと思っています（逆に、20代のうちからズボラ感覚でいると大変になるかなとは思うし、後々困るんじゃないかとは思っていますが……）。

一通り経験を積んで、校務分掌をこなし、仕事ができるようになり、学級も安定してきて、主任も経験した。いよいよ**中堅ゾーンとなったときの「ズボラ感覚」というのは、ある意味「弱さ」を見せるだとか、古舘先生もこういうところがあるんだという「マイナスの一面」を見せることにもつながる**と思うんです。どこか「抜け感」が出てきて、その人が愛されキャラの一面をもち合わせる。40代のキャラづくりの一助になるんじゃないかと思っています。

この抜け感とかズボラ感覚みたいなところをもっておかないと、すべてが完璧で、すべてが予定通りで、すべてきちっとこなすというところにたどり着いてしまいます。もう近寄りがたい存在ですよね。同時に、自分の働き方も苦しくなってこないでしょうか。

例えば、家族がいれば子どもの熱が出たとか、どうしても休まないといけないとか、自分の都合だけで動ける限界が来ます。そうなったときに自分を責めてしまったり、諦めきれなかったり、家族の方を犠牲にしてしまったり。そんな生き方になっていくのは悲しいじゃないですか。

でも、「まあいっか」とか、「大丈夫何とかなる」とか、「そのぐらい許してもらえるでしょう」という、いい意味での「甘え」が許されるのが40代なのかもしれません。

そういう余白をつくっておかないと、20代30代の先生方にとっては40代に入った先生がメンタル的に離れてしまうんですよね。そういう心理的距離が生まれた状況で、さらに完璧にやられては、もう非の打ち所がない、付け込む隙がないという状況になってしまいます。

やはり「短所」みたいなところを「ズボラ」という言葉で意識しながら、自分にもできないこともあるし、抜けているところもあるし、仕方ないよね、という感覚はもっておいたほうが自他共に楽だよねっていう感じです。

それを40代としての「抜け感」という形で出していくといいんじゃないかと考えていま

す。

話は変わりますが、子どもたちに「髪の毛」をいじられる（物理的にも見た目的にも）ようになったのも40代に入るあたりからです。髪の毛のボサボサ感をいじられるというのは距離感としてちょうど良いんですよね。もちろん、月一程度の散髪はきちんと済ませたうえで、清潔な状態を保っておくことは大前提です。

打算的な考えですが、ズボラ感を見せるには、髪型って戦略的に使えると考えています。僕は髪型で抜け感を意識して40代を迎えました。

ただ、ここで大事にしたいのは、「ズボラ」っていうのは「手抜き」とか「適当加減」という意味では決してないということです。

裏を返すと、**「こだわり」をきっちりもつということなんです。「ここはウェイトを置きすぎずに抜く」けれど、「ここだけはきちっとするよ」っていう意思の軽重が「ズボラ感」っていうところ**だと思ってください。

そのバランス感覚を自分で探りながら生活してみるといいんじゃないでしょうか。

Column

40歳の歳、24万キロ走った車を乗り換えました。電気自動車にしようか…など考えましたが、「遊べる車」に決めました。

まず、「オールペン」で車体を塗装しました。タイヤもオフロードタイヤを履かせました。

いずれキャリーを乗せたり、リフトアップしたりする予定です。

車中泊仕様にして全国興行もしたいなあと考えています。

3章

「学校での立ち位置」のマインドセット

Mindset

全体を俯瞰する

40代に入ったら、学校全体を第三者視点で見る、学校全体を鳥の目で見る、そういった俯瞰する力が特に重要だと感じます。

というのも、20代である程度ジタバタと走り回り、30代で様々な責任を経験し、力をつけてきた40代だからこそ、バランス感覚を身につける意味で一歩引いた視点が必要だと思うからです。

この俯瞰する力は、サッカーでいうところのミッドフィルダー的な役割にかなり近いと考えています。20代がフォワードで点を取るイメージ。30代は大きな主任を任せられ失点を防ぐディフェンス的な立ち位置。そして40代はミッドフィルダーです。「ミドル」という立ち位置で考えるとちょうど良いと思います。

点数を取るチャンスはそう多くないが、直接失点に絡むことも少ない。

しかし、中盤が機能しないとゲーム自体がコントロールできません。そんなポジションが40代です。

これは、50代60代の俯瞰とは少し違います。40代はまだプレーヤーとしてピッチに立っているイメージです。50代60代の管理職は、ピッチ外の監督やコーチとしての立ち位置です。

例えば、日本代表で最多出場記録をもつ遠藤保仁選手は、優れたダッシュ力もなければ、フィジカルの強さも目立つ選手ではありませんでした。ただ、類まれなるピッチを俯瞰する力と、ゲームをコントロールする力に長けていました。また、試合中の走行距離も一番長いというデータも出ています。

そういったプレースタイルが、きっと長年日本代表を支え続けるという結果につながってきたのだと思います。フォワードへのお膳立て、ディフェンスしやすいような中盤からのプレス。そんな裏方に徹しながら、「どう動いたらゲーム全体を支配できるか」ということを考えているのでしょう。

同じように、学校現場でも40代がいかに俯瞰して、子どもの様子、職員のバランス、学校の雰囲気をキャッチしながら、いい位置取りをするかということは、重要なポイントだと考えています。

この俯瞰するというのは、「客観的に見る」と捉えられがちですが、先ほど50代60代とは違うと述べたように、決して外野からものを見るということとは違います。

スタジアムの観客席から見るというような他人事の視点ではありません。自分も1プレーヤーとしてピッチに立ち、全体のバランスを見るという視点です。この視点が欠けると、フォワードがいるのに自分も出しゃばってしまいます。無理にディフェンスに下がりすぎて、攻め込まれすぎるケースに陥ります。学校の不安定さをもたらしてしまうことにつながります。距離感を間違えてしまうと言ってもよいでしょう。

でも、この俯瞰する力があれば「ここぞ」のタイミングで力を発揮できます。

例えば、若手の先生が疲弊しているとか、きっとしんどいぞという雰囲気を感じ取れるようになれば適切なタイミングで声かけができます。こういうとき、学年を超えてサポートに行くとなれば、相手の学年主任の立場も考えて行動しなければなりません。でも、40代ならこの垣根を超えて声をかけやすくなります。学年主任も巻き込んでサポート体制をつくったり、場合によってはご飯に誘ったりもできます。

この原稿を書いている年の1学期、初任者の先生がいっぱいいっぱいになっている時期がありました。僕はすかさず印刷室で声をかけ、悩みや困りごと、ガス抜きの場をつくりました。校内の若手に声をかけ、翌日放課後に食事に連れ出しました。

学校全体が疲弊しているように感じており、残業も当たり前の状態でしたから、学年主任の先生にあらかじめお断りを入れて連れ出すことができました。

学年2クラス規模の学校で、ベテランと若手がペアを組むような学校でしたから、特に男女で組んでいる学年にとっては2人で食事に行くこともしにくい状況です。どの学年主任の先生も快く送り出してくださり、有意義な時間を過ごせたと思います。

同じように、管理職にも進言していける立場にあります。これは、校務分掌の肩書とは別に、年齢がものをいう場面（学校現場においては特に）だと考えています。

現場の目線（ピッチ上）で学校の問題点を管理職に告げることができる。こういった立ち位置もやはり40代ならではだと思います。でもこれは、きちんと実態把握できるから進言できるものです。「確かに」と思ってもらえるような提案でないといけない。その根拠となる実態を把握する意味で、「俯瞰する力」がないと40代としては機能しにくいかも知れません。

隠れた100人を見つめる

40代にもなってくると、学年主任を経験することも多いと思いますし、自分の学級だけではない子どもたちに目を配り、気を配るでしょう。場合によっては他学年にも目を配り、気を配り、さらに高学年団、中学年団、低学年団という学団にも気を配ると思います。学校全体を俯瞰しながら、心を配っていくと思うんです。そのときに、**自分の学級30人だけではなくて、隣も合わせた60人、さらに隣も合わせた90人、そういう視点を意識的にもち合わせていく必要がある**と思います。

もちろん、20代30代の先生でもそうした見方をするとは思いますが、**40代はより意識的に、「見るべくして見る」くらいの気持ちで臨まなければならない**と思うんです。

子どもたちの中には人間関係が渦巻いていて、そうしたものが学校生活に与える影響というのはかなり大きいと思います。そう考えたときに、例えばうちの30人の中では、うまく打開策が見つからない生徒指導案件も、「他のクラスのあの子」となら糸口が見つけられるのではないかと考えが広がります。自分の教室以外に目を向けて、つながり、重なり、指導の手立てを考えていけるようになります。

この働き方は、きっと若い頃にはできなかった考え方じゃないかと思います。自分の学級のことを自分の学級でのみ完結させていくという、エゴが働いてしまうからです。でもそれでいいとも思っています。20代30代の先生方は、まず自分の学級をしっかりつくるという意識でいいと思うんです。ただ、そこに**40代が「こういうつながりもあるよ」とか、「こういう視点ももてるといいよね」と関われたらより選択肢が広がる**んじゃないかなって思うんです。各世代が良いポジショニングで働くということです。

また、保護者の顔も想像してみると良いと思っています。100人の子どもがいれば100人の家庭があって、200人近い保護者がいるわけですよね。そこまで考えて、働くことができたら40代としてはずいぶん広く「学年」というものを見ていけると思うんです。

僕個人としても、30代の頃は隣のクラスの保護者にまで想像が及びませんでした。視野として保護者まで広がりきらなかった事実はあります。でも40代が近づくにつれ、少しずつ学年全体の保護者に想像力を働かせられるようになってきました。

こういった意識を、例えば学年通信を使って発信していくようになりました。この意識は結構重要だと思っています。

学年通信は、たいてい行事予定とか、持ち物の連絡とか、そういった一方的な伝達事項のみが記載されることが多いですよね。最初の数行ぐらいは「子どもたちはこうやって頑張っています」「よろしくお願いします」みたいな文面が記載されていますが、今の時代ならＡＩに書かせた内容と大して変わらない文章が載っているケースがほとんどだと思います。

でも、もっといい学年通信の使い方があるんじゃないかと考えてみました。ある種、家庭教育講演会の内容で子育てに対する考え方とか、教育に対する思いを載せていくんです。すると、「学年でこういう話をしているんだ」とか、「こういう価値観、教育観で子どもたちを見てくれているんだ」という安心感が生まれると思います。

僕は現在進行形で、学級通信も学年通信も書いていますが、やはり2学級のうち、片方の学級だけが学級通信を発行しているのは、気が引けます。多くの学年主任の先生が「いいよ！」とは言ってくれてきましたが、ちょっとどこか後ろめたさみたいなものを感じずにはいられないという事実はありました。

でも学年通信も同時に書くスタンスで臨めば、同じものを同じように配っている事実は生まれます。保護者にしてみれば、そこは安心材料なのかなと考えています。子どもを見ている自分たちがいて、同じように見ていただきたい保護者もいる。そうやって、見えないけれどつながっていられるように手を打ち続けたいのです。

目には見えないけれど、「学年の保護者100人の顔」を想像できたら、なんかもっと素敵な働き方、そして40代にしかできないような働き方ができるんじゃないかと思うんですね。

それも、やっと親世代とか、親よりちょっと上世代とか、そういう年頃になってきたからこそできる働き方であって、20代30代が学年通信を書いたところで、とんだ若造がと思われても仕方がない部分はあるかもしれません。だから、40代でこそ、その領域をカバーすればいいんじゃないかと考えています。

ハブでいい

若い頃、機械系やガジェットに憧れたというか、はまった時期がありました。教室にデジカメを持ち込んで写真を撮ったり、プリンタを持ち込んでコピーしたり印刷したりしていました。個人用パソコンがなかった時代でしたから、パソコンを購入して持ち込んでいました。今考えるとすごい時代でした。

30代前後くらいからiPadも導入し、ミラーリングで授業に活用していました。ＩＣＴを活用した授業もこんな時代になる前から知らず知らずのうちに手を出してきました。音楽バンドをやっていた関係で、ギターアンプ（スピーカー）も教室に持ち込み、音楽をかけていました。運動会の練習では校庭でそのアンプを使って音楽を流しました。

そんな時代を過ごす中で増えていったものがあります。それが各種配線とハブでした。昔はＨＤＭＩみたいな便利なケーブルはなく、ＲＧＢという青い8ピンのケーブルや、

D端子、赤、白、黄色の頭が3つあるケーブルを使っていたんです。それから、プラグとミニプラグもあって、マイクのケーブルはイヤホンジャックのもっと太い版のような変換器が必要だったんです。その変換機を楽器屋さんで手に入れていました。

とにかく、僕の教室にはいろんな機種に対応できるケーブルや変換機がありました。ハブというかガジェットというか、道具やアイテムがあったんです。

これらがあったおかげで、いろんなトラブルに対応できました。

運動会の際、熱で動かなくなってしまったポータブルCDプレーヤーがありました。スピーカー自体は生きていたので、外付けでフジカセをつなごうと外部入力することにしました。でもピンがない。そんなとき、僕は教室に走って自前のハブを使ったのです。

今はAmazonの翌日配送でなんでも手に入ってしまう時代ですが、20年近く前の学校現場では、まだ多様な配線に対応するハブが重宝されていたと思います。ちょうど、「地デジ」への移行が始まり、HDMIやBluetoothが認知され始めた時期だったと思います。

訳のわからない機械の話をしてきましたが、要は**人間関係においてもハブが重要だということです。その最適な年齢が40代**ではないかと考えています。

人によってはHDMIのような人もいます。大抵の人とつながることのできる万能型の人です。でも、USB-Cに変換してあげなければならない人もいます。「それ、つながらないんで」と言ってしまうような人です。

また、「8ピンしか使えないんですけど」「赤と黄色と白の……」という人もいます。これでは全く出力できません。

職員室にはさまざまな年代の方がいます。「それ、ワイヤレスで飛ばせば……」という声もあれば、「配線買ってこようか」という方もいます。

「若手とベテラン」という間をどうつなぐか考えます。「男性と女性」の考え方をどう変換しようか考えます。「低学年と高学年」の関係もそうです。「管理職と教諭」という立場もそうでしょうし、「学校と保護者」「地域と教育委員会」もそうです。考えればキリがありません。

でも、その間で最適解を出せるハブが40代ではないかと考えているのです。

僕は、40代の先生を使い勝手良く動かして欲しいと思っています。むしろ「使え」とさえ思います。上の世代の方がいれば学年主任ではない立ち位置で働くことができる。でも、若手が多い学校だったら学年主任としても働ける。

僕たちはある意味、「どことでもくっつけるよ」という万能型で、「うまく使ってくださ

い」ぐらいの感覚になっている状態が良いのかなと思います。

20代とか30代では、卒業する6年生の担任をもちたいなとか、まだここの学年をもってないから希望したいなとか、自分の希望で働けたかもしれないですよね。

でも40代にもなってくると、ある程度経験も積んできて、年数も20年ぐらい経っているから、「もうどこでもいいですよ」って言えるような感覚で働けるんじゃないかなと思うところがあります。

それから、言い方が悪いんですが、なかなかちょっと学年を組むのが難しいと思う先生が世の中にいるのも事実です。「この先生と誰が組むのか」となったときに、「僕組みますよ」と言って組めるような人でもありたいと思うんです。

学校の中で「この人の面倒を見ていく」とか、「この学年」とか「この立ち位置」でうまくやっていくんだという、「ハブ」「つなぎ役」を40代ではできたら良いのかなと考えています。

入力と出力の調整をする

若い頃に比べて、ニコニコしていられるようになりました。上機嫌でいられるといえば聞こえが良いのですが、というよりは小さなイライラを気にしなくなったという表現の方が適切かもしれません。

これは、自分に入ってくる情報や飛び込んでくる雑音を、自分自身で取捨選択しながら受け取れるようになったからだと考えています。

つまり、入力を自分でコントロールできるようになってきたということです。

これまでは、会議のたびに物申すような立ち位置でバンバン発言していたので、目に飛び込んでくる情報の全てを自分に取り入れていたのだと思います。完璧主義というか、全ての情報に精通していたかったのでしょう。

でも、**学校現場で子どもたちを育てていく上で、情報はそう多くなくて良いということ**

が経験でわかってくるようになりました。ある程度大筋さえ掴んでおけば良い。ちょっとしたことは融通が効くこともわかってきたわけです。

そうなると、**情報をあえて受け取らない**という選択肢が増え、自分の中に詰め込みすぎないようになりました。頭の中に少しだけ余白が生まれ、大切なことに力を入れられるようになったのです。

これは、会議提案だけではなく、学年団の先生方、つまり人付き合いの上でも重要なことだと考え始めました。

いわば他人同士で100人もの子どもたちを1年間走らせていくことになりますから、それぞれの主張があって当然ということです。職員室の働き方においては、教科指導や行事の計画よりも、もっと人間関係の方が重要です。「合わない人」と過ごす1年間ほど苦しい時間はありません。

だから、全部は受け入れないし、全部を受け取ってもらおうとも思わないわけです。そうやってお互いの自由を受け入れ合いながら、でもここだけはという共通了解を見つけて働いていくがちょうど良い感じです。

その上で大切にしているのが、**入力を制限する**ということなのです。先ほど述べたように、40代は簡単につながることができるハブと成り得ます。これを使わないだけです。「今は使わない」と選択するだけです。情報を入れない、それ以上は受け入れない。その選択肢が見えてくるとずいぶん気持ちにゆとりができます。

同時に出力も調整できるようになります。自分だけではなく、相手の言い分もわかっているからこそ、グッと飲み込む部分が出てくるということです。これは「何を言わないかが品性」ともつながる部分です。

人は、どうしても自分の言いたいことだけを優先してしまいます。出力が大きくなってしまって入力が小さくなります。口だけが働いて聞く耳をもたないのです。

だから、どうやったら相手に伝わるのかを考えながらボリュームのツマミをコントロールして出力を調整します。ここは伝えて良いか、伝えたところで伝わるか、伝え方やタイミングも見計らうようになるでしょう。

逆を言えば、そうやって落ち着いて入力や出力の値を調整できない40代は大人気ないとさえ思います。場当たり的にカッとなったり、相手のことを考えずに言い放ってしまったりするのは良いミドルの姿とは言えません。

きっと、多くの諸先輩型も「考えに考えて」ものを述べていたのだろうと思うと、その丁寧さに頭が下がる思いです。

日本のお家芸である柔道では、「投げた後も袖を離さない」という暗黙のルールがあます。それは、柔道の精神である「自他共栄」に準じた考え方です。**相手を投げた際、相手が受け身をしっかり取れるのは、片方の袖をきちんと握っているからです。**これを「引き手」や「かばい手」と呼び、「命綱」とまで言われます。これは、力一杯投げるけれども「投げやり」ではない出力の調整と考えて良いでしょう。

40代は、ある意味「職員室における力」があります。だからこそ、相手とうまくやっていけるような出力の調整が必要です。そうでなければ、意図せず相手を傷つけてしまうことも考えられます。それは、目立つ目立たないという自己中心的な考え方、力の使い方の話ではありません。

親をも育てる時代なのよ

初任者指導でお世話になった先生の言葉がいつも僕の中で響いてます。その中でも特に覚えているのは「先生、これからの時代はね、親をも育てる時代なのよ」という言葉です。

1年目を終えようとする3月、子どもたちと理科の学習で校庭に出ていたときでした。植物を世話する子どもたちを見守りながら、ある保護者の話になったのです。たぶん僕は、どこか愚痴っぽくその保護者とのやりとりを話していたのでしょう。話が終わると同時に、空を見上げながらこのセリフを僕に言ってくれました。

そのときは、僕もまだ20代で我が子もおらず、親の気持ちを想像するなんてできませんでした。でも、なぜかその先生の横顔とセリフ、そのときの風が強烈に目と耳に残っています。

年を重ね、その言葉の意味が40代になって随分しっくり受け取れるようになりました。自分も親となり、親世代と同じ歳になったからです。

ときに「そのくらいは家庭でしておいてほしい」「もう少し子どものことを考えていただけたら」と思ってしまうことがありました。でも、我が子の子育てを通して、「そんなに上手に育てられるわけがないんだよな……」と痛感することも多く、「親だって困っている」「保護者という立場を背負いきれずにいる家庭」はいくらでもあることを知りました。

だったら一緒に考えるしかないじゃないか。ともに手を取り合って進むしかないじゃないかと考えるようになったのです。**いつまでも家庭のせい、地域のせいと、他責思考ではいられない**のです。

それから、「学校の先生は子どもたちだけ見ておけば良い」という時代ではなく、「親をも育てる時代なのだ」と考え始めるようになりました。それは、あのとき初任者指導の先生が言ってくれたことの意味が少しだけ見えるようになったからでした。

39歳になった年、学級通信に対して熱心にお返事を書いてくださる方がいました。その方とは、一筆箋をいくつも買い足すくらいやりとりをしました。子どもたちに対する考え方、学校教育への理解、そしてどこか、同世代である人としての関わりにまで発展しました。

僕自身を人として育てていただいた気持ちになりましたし、その方にとってもそうであったら良いなと考えています。

また、僕は日頃からVoicyという音声配信のプラットフォームで発信を続けていますが、多くの保護者が聞いてくださるようになりました。僕はVoicy発信の際、ある種ターゲットを決めてお話を構成することがあります。例えば若手の先生向け、例えば同世代のオッサン目線、そして保護者です。「保護者の方々にもこの視点をもってほしい」というとき、僕はターゲットを保護者にします。

そして、「親をも育てる意識」でお話しします。できているかどうかは別として、その意識をもって発信しようとは思っています。それは、前項で紹介した学年通信の内容もそうです。どこか家庭教育講演会的な役割を果たせたらと思う部分があるからです。

そうやって保護者へ向けた発信ができるようになるのも、どこか自分が40代になったからだと思えます。きっと30代の頃ではそういう気持ちにはなれませんでした。自分の方がまだ若く、親世代から見ても「年下感」があったからです。こればかりはどうしようもない事実でした。

また、最近では「先生からいただいた言葉ですごく楽になりました。教えていただいたように我が子に声かけをしたら、子どもも落ち着いて話を聞いてくれるようになりました。いい距離感が保てるようになったのも先生のおかげです」と家庭での様子を教えてくださる保護者の方もいらっしゃいます。本当に素敵な事実です。

正直、学校現場がどれだけ変わろうとしても、どれだけ大切なことを教室で実践しても、保護者の感覚はまだまだ「一斉指導」「管理統率」「座学点数主義」です。宿題をしないことを嘆き、ノートを取らないことを悪とします。テストの点数に焦り、黙って授業を受けることを良しとする風潮があります。

そういったボタンの掛け違いをそのままにし、教室だけをアップデートしようとしても限界があるでしょう。そこに手を打つべく、やはり**40代が先陣を切って「親をも育てる意識」を広げていく必要はないでしょうか。**

ヒューリスティックに生きる

アルゴリズム（論理的プロセス）の対義語として使われるのがヒューリスティック（経験に基づく先入観）です。

直感的にある程度正解に近い答えを見つけるための思考法で、心理学用語として使われています。アルゴリズムが論理的に問題の解決を図る方法であるのに対し、ヒューリスティックは時間が限られている状況で複雑な問題に対処する際、簡略的に意思決定ができる方法です。

もちろん、「思い込み」と捉えられる場面もあるため、活用する際はＴＰＯに準じて使い分ける必要があります。

昨今の学校現場は、考えても考えても答えの出ない局面を迎えています。相変わらず高水準を保つＯＥＣＤの結果に反して、不登校が過去最多を更新する事実。少子化は毎年のように続き、現場では教員不足が叫ばれています。欠員常態化状態でやりくりしている学校は数知れず、それでいて働き方は大きく変わらない。ポストコロナなどなく、当たり前のように行事が復活し、旧態依然とした学校現場が目の前に広がっています。毎日が決断の連続で、判断を間違えてしまっては取り返しのつきにくい状況です。

そんな時代だからこそ、**直感的にやりくりできるメンタルが必要ではないでしょうか。それがヒューリスティックに生きるという考え方**です。

何度も言いますが、40代は教員人生としての中間地点です。過去にある程度の経験を済ませてきており、それでいて上の世代の方々とも適度に距離を詰めていけるポジションにあります。全体を俯瞰できる力があるからこそ、「ピン」ときたその判断を信じて進めるのが40代ではないでしょうか。

親を含めた裏側の100人が想像できること、人間関係の見えないつながりにさえ心を配れること、そうした視座からくる感覚は、きっと20代30代とは違う「確かさ」をもち合わせているはずです。

ちょうど40歳になった年、学年で「ミニ運動会」をしようという企画が立ち上がりました。それまで誰もやったことのない企画で、それこそ感覚的に「楽しそう」というだけで計画が進みました。目的としては、学年として団結力を高めること。学年執行部にその企画運営を任せることで高学年としての力を身につけさせることが位置付けられていました。

ただ、そこに細かな計画はなく、「なるようになる」「たぶん始まったら終わる」くらいの感覚で進みました。きっと若手の先生にとっては不安で仕方がなかったことでしょう。でも、主任の先生とは「大丈夫っしょ」くらいのノリで進めました。それは、話が決まった段階で「見えていた」からだと思います。

この競技に何分、この移動で何分というイメージと子どもの動き、ここに時間がかかって、でもここで調整すれば何とかなるという全体像がパッと頭の中に「見える」感覚です。その直感的なイメージは大きく外れることなく進み、ミニ運動会は盛会のうちに終わりを迎えました。

それからというもの、例えば学年で誰かがお休みすることになっても、「学年でやっておきます」という具合に1時間程度なら何とでも動かせるようになりました。計画がなくとも、感覚的に時間を使えるようになったのです。

これは、若い力で集団を統率するようなまとめ方ではなく、子どもたちの力を借りながら、でも確かに指導を入れていく、ゆるやかにまとまりを生み出すアイディアでした。

戦国の世を描いた漫画『キングダム』では、こうしたヒューリスティックな生き方とアルゴリズム的な生き方を「本能型」と「知略型」として表現していました。

野生のような直感で戦う武将は「本能型」とされ、戦場の匂いを感覚で掴み取り、危険を察し、どう動けば勝てるのかを考えて動くタイプとして描かれました。逆に「知略型」の武将は、決して負け戦はしないとされました。戦に臨む際は下準備から勝利までの仮説を完璧に行い、どんな戦いでも勝ち抜くタイプの武将です。

そして、「ハイブリット型」と呼ばれる武将も出てきます。このタイプは、戦場の経験が長く、本能型としての力を備えながらも知略型の要素も兼ね備えた武将です。

もし学校現場にこの考え方を当てはめるとすれば、20代30代は「本能型」として戦ってきたからこそ、40代に入って「知略的」に学級経営や学校運営に携われるようになると考えられます。**40代こそ、ハイブリット型の教師として直感的に働くことが可能**となるのでしょう。

新しい風を吹かせる

この「本能型」と「知略型」と「ハイブリット型」の教師は、この時代だからこそ生まれるものです。

コロナ禍で一気に進んだオンラインは、もしかすると50代60代にとってはなかなか受け入れられない現実だったかもしれません（もちろん全ての先生とは言いませんが）。学級担任ではない立場の先生、あと数年で現場を去られる先生にとっては、目を背けたくなる教育観の転換期だったと考えます。

しかし40代はまだまだ現場を牽引する立場です。ミッドフィルダーとしてタクトを振るい、ハブとなって職員室の肝とならなければいけません。

その生き方を受け止めたとき、**40代が覚悟しなければならないマインドが「新しい風」を吹かせることです。「上昇気流を生み出す」「ムーブメントを起こす」「風穴を開ける」**

という感覚です。

僕が見てきた40代というのは、どうも中間管理職的な先生ばかりでした（それも、ロストジェネレーション世代だから仕方がない部分はある）。バリバリ学級担任として働く40代ではありませんでした。

でも、僕が今働く現場では、40代が僕しかいません。団塊の世代の大量退職以上に、まだまだ50代の学年主任ばかりです。大量採用時代の先生方は、まだまだ現場に影響力を残しています。実際、僕の勤めてきた学校では、主任はすべて50代の先生方でした。前任校でも同じような状況で、50代同士が学年を組んでいるケースもありました。

そして、そうした「50代中心の空気」はなかなか変わりにくい側面をもちます。

なぜなら、学年主任会議では、管理職と学年主任が集まります。はっきり言えば50代60代の会議です。ここに、どうやって「新しい風」が吹き込めるでしょうか。かなり難しさを感じるでしょう。

だからこそ、**40代がその場に進言する必要があります**。研究主任の立場や生徒指導主任の立場でなら物申すことが可能になるはずです。実際、前任校では管理職の先生が「古舘先生にも出てもらえたら」とお声がけいただき、時間を見つけて主任会議に参加させていただきました。

これは、20代30代では難しかったことです。会に参加するというよりも、全体が俯瞰できていない、ものが見えていない、直感的に判断するだけの経験がない時点では会議に出ても言葉に説得力がないためです。

でも、40代の今ならと思えます。言い方を選ばずに言えば、「噛みつける」とさえ思えます(もちろん、出力値やその方法は十分に考える必要があります)。それは、40代というある種の自信も芽生えているからです。これは天狗になっているとは違う、地に足をつけて進んできた実績を言います。

僕がこうしたマインドをもったのは、36歳のときの主任の先生との出会いでした。今考えると恐ろしい発言ですが、僕はその主任の先生に「どうやったら県の教育長になれるでしょうか?」と尋ねたことがありました。放課後、プライベートな話をしている最中でした(今考えると恐ろしい発言…)。

その先生は、そんな発言を笑いもせず、「そうだねえ。とりあえずいただける仕事を断らなければ、いつかそうなるんじゃないか」とだけ伝えてくれました。そして、「先生は、これから『新しい風』を吹かせなきゃならないよ」と背中を押してくれたのでした。

今、40代に足を踏み入れ、その言葉がずしんと背中に乗っています。どうやったら新しい風を吹かせられるだろうか。その範囲を見極めながら、でも臆することなくチャレンジしてみようと思えます。

20代30代の勢いとは違う形で、でも確かな風を感じられるような働き方がしたい。それは、キャリアチェンジかもしれないし、担任一筋かもしれません。

不確かな未来だけれど、ある程度経験が積み重なってきた今だからこそ、その不安定な選択肢を楽しみながら風を吹かせていきたいと思っています。

スタジオジブリの作品では、登場人物の心が動くと風が吹くと言われています。「トンボを救おうとデッキブラシに跨ったキキ」には風が吹きました。「山犬の前に出て行ったアシタカ」の上着にも風が吹きました。

これから風を吹かせようとするとき、きっと僕自身の心が動いていなければなりません。何に心を働かせ、どこに心を使っていくのか、考え続けていきたいと思います。

Column

『教育と自分』

以前、函館の学習会に参加した際、「レゴシリアスプレイ」を体験しました。

自宅には子どもが遊んでいるレゴがありますが、40歳になって本気でレゴをするとは思いませんでした。

自分のイメージを間接的に形にしていくことで、願いやビジョンを明確にできました。

レゴが僕の思考のハブになってくれました。

4章

「教務・管理職『的』視座」のマインドセット

Mindset

ハッとさせる先生

仲良くさせてもらっている髙橋朋彦先生から聞いた言葉があります。「ホッとさせる先生とハッとさせる先生」という言葉です。髙橋先生が当時所属していた学校の管理職から言われた言葉で、朝オンラインで会話しているときに聞いて以来、我が物顔で使うようになりました（笑）。

現在、学校現場では「ホっとさせる先生」が多いように感じています。「大丈夫だよ！」「何とかなるって！」「何か手伝おうか？」「困っていることある？」と、相手をホッとさせる言葉をかけてあげる先生が多いということです。そんな優しい先生方に恵まれている方も多いのではないでしょうか。

ただ、**時によっては「ハッとさせる先生」も必要**だと考えています。かなり貴重で希少な存在だと思いますが、いわゆる「ズバッと切り込んでくれる」「グサリと刺してくれる」

先生が必要です。皆さんの近くにはいるでしょうか。

「何でもいいよ」「みんな正解」「生きているだけで合格」のような変に多様性が謳われている時代だからこそ、何か**「俺はこう思う」「僕ならこうするけどね」という「自分の物差し」を明確に突きつけるような人が必要**だと思うからです。難しい時代ゆえ、一つ間違えると「パワハラ」と捉えられかねない側面をもちますが、**こんな時代だからこそ「ハッとさせる先生」が必要じゃないかと考えています。**

そして、40代はその役を買って出ないといけないとも思っています。

僕自身、昔からズバズバとものを言う若者で、管理職の先生や先輩方とたくさんぶつかってきました。初任者時代から歯に衣着せぬ物言いが原因で校長室に呼ばれた経験が何度もあります。場合によっては保護者とも言い合いになっていました（今では考えられない……）。

でも、少しずつオブラートに包めるようになり、それでも言いたいことは言い続けていると、そんなスタンスを心地良く感じてくれる先生方に出会うことができました。**ざっくり言えば「古舘先生らしい」という立ち位置を見つけた**のです。もちろん、経験年数や年齢がものをいうようになったとも思います。

嫌なものは嫌と言って生きてきました。でも、若い頃はそれがわがままだと捉えられていたかもしれません。無理なものは無理と背中を向けて生きてきました。でも、若い頃はそれを自己中だと思われていたかもしれません。

でも、40代になって「だって」という理由を添えられるようにもなりました。経験を元にした理由でいい意味「武装」できるようになったからです。そして、そんなスタンスを求める先生方が、近年僕の周りに集まってくださるようになりました。その先生方の多くは、「ハッとしたい」という先生方ばかりで、むしろ「斬ってほしい」「刺してもらいたい」という先生すらいます。本当に正気か……と思います（笑）。

でも僕は、僕がありのままでいられるこの立ち位置がずいぶん居心地良く、こんな物言いで良いならいくらでも話そうと思えます。自分を生かす道が見えたというか、自分を生かしてくれる道と出会ったという感覚です。

30代が20代に同じことを言えば「先輩からの小言」になってしまう言葉も、40代から20代への言葉はもう少し重く伝わります。それは、精神的な距離感を逆手に取った関係からもそう考えることができます。

また、嘘のないストレートな言葉は、相手を思いやる何よりの優しさとして手渡すことになります。20代とは変に競争しない、同じ土俵に立たないからこそ、マイルドに伝えられるのです。しかしこれが30代となれば話は別で、どこかマウントをとりにかかってしまうような、変なプライドが見え隠れします。それは20代も察することでしょう。そうなれば、「ハッとさせる」どころか、距離を取られる可能性も出てきます。それでは双方にとってメリットはありません。

同時に、目上の先生方に対しても「ハッとしてもらえる」立ち位置であるとも考えています。「本当に目的に直結している考え方でしょうか」「職員のことを最優先に考えた経営でしょうか」「そちらの言いたいこともわかりますが、こちらも言いたいことはあります」のように、40代だからこそ臆せずに言えるのではないかと考えています。**目上の先生方への進言は、「言える言えない」というメンタル的な問題ではなく、40代が働く上での責任、役目として考えなければいけません。**

ホッとさせる先生

だからといって、四六時中相手や周りを斬りつけていたり、刺しまくっているわけではありません（笑）。安心させるような声をかけたり、仲良くしたり、うまくやることだってたくさんあります。むしろ「ホッとさせる」割合の方が多いくらいです。

そんな中で、意識しているポイントがあります。それは「分けて考える」ということです。若手の先生方で困っている人の多くは困り感を大きな岩のように抱えていて、その重みに耐えている状態に見えます。

小分けにしたらもっと運びやすくなるのに、細分化したら楽に持ち上げられるのにと思って見ています。

だから、安易に「大丈夫だよ」とは言いません。表面上の「何とかなる」は口が裂けても言いません。分けて考えるための助言やアドバイスで、ホッとさせるのです。

ある年、若手の先生が印刷室で話しかけてきたことがありました。業間休みのことでした。学級の様子が落ち着かず、子どもたちに話が入っていかない、指示が通らないというのです。涙目でいっぱいいっぱいの様子でした。

僕は、茶化したように、「泣いたって変わらないんだから、ちゃんと子どもたちを見るしかないんだよ」と半ば突き放した口調で言った後、「数えたらいいよ」と伝えました。「大抵、教室がうるさいなって思うときは5～6人だから、数えてみるといい。それで、誰が話していて、誰が話していないかを1人ずつ見てみな。そしたら、聞いている子、目が合う子が出てくるから。『数をカウント』すれば落ち着くから、そうやって教室を数えたらいい」と伝えました。ほんの3分くらいのやり取りでした。

その後、昼休みにその若手の先生は「何か、大丈夫になりました。ありがとうございました」とお礼を伝えてくれました。「はい、よかったね」とサクッとやりとりしたことを今でも覚えています。

ホッとさせるというのは、見通しのないその場限りの安心感ではありません。その先生が1人で状況を打開できるような的確なアドバイス（行動目標や数値目標）を瞬時に与えられるということです。

「泣いたって変わらないんだよ」というのはハッとさせる言葉ですが、その後にきちんと「数えなさい」という指示を与え、何をすべきかを明確にしてあげることがポイントだったのです。これは、教室の見方を変えていく一つの視点を与えることになります。

どうしようもない現状に対して打ち手を授けることで、若手の先生は何か打開策を見出すことになるのです。大きな岩は小さくしてやればよいのです。

こうした経験が、「古舘先生だったら何か教えてくれるかもしれない」と若手に思わせる一助となり、40代としての役目を明確にする過程なのかもしれません。

ただし、いい意味で40代のポンコツ具合を抜け感として出していることが重要ですし、その場に出会った瞬間のヒューリスティックなアイディアが閃かなければいけません。

困難を極めつつある教育現場において、本当の意味でホッとさせるには経験と見通し、そして即興性や直感力が総合的に必要です。

折り返しを迎えた現場のプレーヤーだからこそ成せる技だと言えるでしょう。

また、僕の話を直接聞いたことのある人はわかると思うのですが、割と親父ギャグを言ったり、よくボケたりします。……いや、ユーモアを大切にしているといえば良いでしょうか。

このホッとさせるという点において、笑いの要素はかなり重要です。どこかで「笑い話」にしてしまった方が良いケースがたくさんあります。深刻にさせないと言っても過言ではありません。

ハッとさせてしまったときも同じように、緊張感のある話だからこそフッと緩めて話を終えることも大切ですし、ホッとさせておいてそれ以上立ち入らないような厳しい雰囲気を出すことも大切です。

そうやって「いい加減」を見極めて人間関係を豊かにしていくことが、ホッとできる関係ではないでしょうか。

ある意味、「ホッとさせる」には知的な要素が必要だと考えています。

例えば、保護者とうまく関係が築けない若手がいたとき、「感情労働」の側面からアドバイスすることがあります。「表層演技」だとしても、その場をうまくやり過ごす必要はあると伝えます。

良いか悪いかは別として、「感情労働」という言葉を知っているだけで、ある意味割り切って考えることができます。「仕事」として捉えられるようになるはずです。

余計なお世話をする

20代の先生方の面倒を見ることがあります。声をかけて食事に連れ出すこともそうですし、すれ違いざまに声をかけて雑談することもあります。

この原稿を書いている最中も、ちょうど前任校の3年目の先生から相談の電話がかかってきたところでした。

そうしたやり取りの中で、もちろんホッとさせたりハッとさせたりするわけですが、ときどき「余計なお世話」を焼くことがあります。「大きなお世話」と言っても良いかもしれません。相手にしてみれば、本当に面倒臭い存在だと思います（笑）。

例えば、服装についてしつこく言ったことがありました。ある先生の学級が落ち着かなくなった時期があり、僕が相談に乗っていました。「どうしたらいいですかね」「どうやったら話を聞きますかね」と悩んでいる先生に、僕は「明日から毎日スーツで来た方がいい」と言ったのです。

その先生は身長が高く、スラっとしていました。しかし、ジャージを着るとどこかブカブカな感じになり、締まりのない印象を受けていました。だから僕は、スーツにした方がいいと言いました。ベルトを見せた方が締まりが出ると考えていました。それに、スーツの方が見た目の印象がカチッとするので、視覚的にも子どもたちへの好影響が出ると考えたのです。教室を落ち着かせる一助になると考えていました。

しかし、もし自分が「毎日スーツでこい」と言われたら、お節介にも程があると思ってしまいます。下手すればパワハラかと思われても仕方がありません。

でも、僕は僕なりに過去の経験から「余計なお世話」をしたいと思っていました。強い色を使っていた経験があったからです。教室で「どう見られるか」という意識をその先生にもってもらいたいと考えていました。

押し付けるような言い方ではなく、その先生にもう一方の価値を示し、価値判断を迫った形で伝えてみたのです。選択肢を与えたと言っても良いでしょう。

次の日から、その先生はスーツで教室に立つようになりました。廊下から見るその姿は、ジャージ姿よりも引き締まってみえ、表情もキリッとして見えました。

最近の世の中は、相手にどう思われるかという自意識が過剰に働いているように感じます。「これを言ったらどう思われるか」「この指摘をしたらどんな表情をされるか」と、相手の出方を伺っているような状況です。

そうやって考えた結果、「余計なことはしない」「余計なことは言わない」という選択をし、余計な関わりをしないように生きているように見えます。

でも、それは大変残念なことです。みんなが保身に走り、自分のことだけを考えているからです。**相手のことを思ってストレートに伝えることの温かさを確かめたい**とさえ思います。

僕は、故郷の岩手を離れて千葉県で11年間勤めた経験があります。初任校ではたくさんの先生方にお世話になり、「内科はあの病院がいい」「車屋はここが信頼できる」「夏休みはお昼ご飯を食べに学校においで」と言われ、「大きなお世話」をしていただきました。場合によっては「彼女はいるのか」「結婚はどうするんだ」「岩手にはいつ戻るのか」と、身の上話の相談にも乗っていただきました。たくさん叱られたのも、大人の遊びを教わったのも初任校の先輩方からでした。

そう考えると、今の学校現場は随分とドライだなと感じてしまうのも仕方がありません。

何か言えばパワハラ、セクハラ、〇〇ハラ……です。

余計なことは言わず、定時に退勤し、自分のことだけやっておけば良い。そんな風潮すらあります。

それでもOJTという名の校内研修体制の充実は求められます。普段から関係性の希薄な職員室においてはその研修が響くわけもありません。

だからこそ、**本当に後輩のためを思うなら多少口うるさくても「余計なこと」を伝えていく40代が必要じゃないかと考えます。同じ担任目線で「大きなお世話」を焼くのは「守ってやる」意味でも必要ではないでしょうか。**

僕らが60代になるとき、今お世話した20代は40代になっています。そうやって面倒を見た経験は、いずれ自分たちが学校を組織するときに大きな力となって返ってくるはずです。

ストレスを与える

人の成長に必要なものと聞かれたら、「適度なストレスは欠かせない」と答えると思います。それだけ、僕は僕自身にストレスをかけ続けた人生を送ってきています。むしろ、ストレスがあって自分を律することができているとさえ思えるほど、ストレスは欠かせません。

若い頃から続けてきたストレスなことといえば、学級通信を書き続けることでした。もう少し詳しく説明すると、通信を書くことではなく、書いた文章を管理職に起案し、指導を受けることがストレスでした。

毎日毎日裏返して置かれたバインダーをめくると、朱書きだらけの通信が顔を出しました。それを修正し、印刷配付し、また翌日号を書く。この一連の行為はストレスが大きかったです。

でも、当時40代だった教務の先生は、僕の「なにくそ根性」を大いに評価してくださっていました。「本気で書いたものは本気で読む」というスタンスで、徹底的に鍛えていただきました。今考えると、校務ではない仕事に毎日時間を費やしていただいた事実に感謝しかありません。

そして近年はＳＮＳの発信です。毎日どこかで必ず発信を続けようと負荷をかけていますが、「ネタは尽きませんか？」「どこからそのモチベーションが湧くんですか？」と聞かれますが、ネタとかモチベーションとか、そういう次元ではなく、完全に「意地」です（笑）。

いつまでも自分自身が成長したいと思ったら、ストレスをかけ続けるしかないのです。

しかし残念ながら、今を生きる若者はその地道な努力や血の滲むような努力を知らない人が多いように感じます（無理してでもやれというわけではありません）。

というよりは、「どうやったらそうなれますか？」「どうすればそれができますか？」という調子で、コスパよく、タイパよく、最短ルートで辿り着けると本気で思っているのです。そんなわけがないのに、です。

だからこそ、**「40代の境地にはこうやって登ってきたのだ」と、キチッと示してやる必**

要があると考えています。

ちょうど40になった年、自校の若手に「学級通信」を書くように仕向けたことがありました。「毎日書いて200号」「俺は君と同じ2年目に200号書いたよ」とふっかけてみたのです。

もちろん、その先生との関係は構築されており、地元の勉強会で時間を共有している関係でしたから、そうした距離の詰め方ができました。

その先生は、「とりあえずやってみます」と、軽いノリで僕のふっかけた「負荷」を背負いました。僕も、適度に通信を出しては「今何号?」と途中経過を報告し合っていました。管理職の先生も、そのやりとりを温かく見守ってくださいました。

その先生は、グングン書き進め、結果的に330号ほどの通信を書き切りました。もちろん、途中で内容に関する甘さが指摘されたり、主任の先生に苦い顔をされたりすることもあったかもしれませんが、ストレスを力に変えてみせた1年間だったと思います。

このように、**僕は若手の先生にストレスを与えるようなことをし続けています。**それは、単純に負荷をかけることとは違い、「その先生はどこで力を発揮するのか」を見極めた成長を促す負荷だと考えています。ざっくりいえば「後輩育成」です。

これは、心理的な距離感が近いこと、それでいてハッとさせる要素をもち合わせていることで成立する関係です。

そうでなければ、本当の意味で「余計なお世話」になりかねません。

突然ですが、「仙台曲がりねぎ」をご存知でしょうか。

宮城県仙台市の伝統野菜「仙台曲がりねぎ」は、一般的な一本立ちねぎとは異なり、大きく曲がった形をしています。これは自然に曲がって育ったわけではなく、人の手によって曲がるように育てられています。ストレスを与えられたために曲がっていると言えます。

栽培中のねぎを一度抜き取り、約25度から30度の傾斜をつけ寝かせた状態で植え直します。そうすることで、ねぎの根があまり深く伸びず、根腐れしません。そこから約１カ月から３カ月ほど、ねぎは上に向かって伸びようとする習性で曲がって成長していきます。その際、曲がるストレスにより、ねぎの軟白部分は柔らかくなり、また甘味をもつようになります。

人の成長も同じです。**ストレスにさらされるほどしなやかになり、人間味もしっかりしてくる**のではないでしょうか。

賛否に学ぶ

20代の頃は、どうやって「賛成」を集めるか考えていました。提案事項も根回しをしてから十分に吟味し、会議にもち込んでいました。会議のたびに「反対意見」が出るのではないかと考え、ビクビクしながら提案文書をつくっていたことを思い出します。

30代の頃は、学校全体のことを考え、根回しというよりはより「効果の高い提案」にこだわっていました。いわゆる「正論」を振りかざす側面がなかったわけではなく、半ば強引な形で提案を通していた部分があったかもしれません。

それでも、ある程度年齢が上がり、経験も重ねていくと、先生方はその提案を快く受け入れてくださいました。本当にありがたいことでした。

同時に、「賛否」が起こりにくくなったのも事実です。両手を挙げて賛成してくれることもないが、大きく反対されることもなくなったのです。少しだけ寂しい気持ちでした。

30代後半になると、いよいよその現実が突きつけられました。会議の場で会議ができなくなってきたのです。「依頼」や「お願い」に近い話になり、決して「議論」や「協議」にはなり得ませんでした。

職員室の中でも「古舘さんが言うなら！」という空気がなかったわけではないと思いますし、同時に「古舘さんの言うことだし……」と下手に口を出すなという空気があったかもしれません……。

40代に入って実感するのは、提案に対してご意見いただける幸せです。

それが「賛成」であっても、「反対」であっても、提案に「リアクションがある」というのは、ありがたいことなのだと思うようになりました。

そうなれば、やるべきことは簡単です。自分の経験からくる直感を頼りに、課題意識や現場の停滞感をそのまま提案事項に盛り込むだけです。もしかしたら、本来の「提案」とはそういったことを指していたのかもしれません。

でも、予定調和的な流れや前例踏襲、「本校はこれまで」という感覚から「議論」とは程遠い「会議」が生まれ、時短ばかりを気にし、「賛成」すら言えない場が生まれたのでしょう。それが会議ならば、学校現場にとっては非常に残念な結果ではないでしょうか。

だからこそ、**いい意味で会議に「波風を立てる役割」としての40代が必要ではないかと考えます。**かしこまっている場合ではなく、自分の立ち位置や役割を考えたとき、「40代が行くしかない」と腹を括っていい場面だと考えています。

令和6年度、僕は岩手県に着任してから初めての異動を経験しました。よく、「異動1年目はおとなしくしておく」といった声を聞きますが、僕にとってそんなことを考えている暇はありませんでした。学校改革において大きな余白しかなく、伸び代しか見えなかったからです。

これは、異動した年にしか感じられない感覚で、ヒューリスティックに生きていく上では大切なマインドだと考えています。

所属させていただいた研究部でもファシリテーションの機会をいただき、学力向上に関しても新しい風を吹かせたいと思って研修の場を設定しました。

1学期末の運営反省においても、「単年での学級編成」を提案したり、「校務のデジタル化」を進言したりしました。2学期から提案が通ったり、来年度への検討事項に加えていただいたりもしました。

このグイグイ感は、「管理職を目指す先生方の説明会」にお声がけいただける立ち位置にいること、そうやって校長から評価をいただいている自信もあって踏み切れることでした。20代30代のように、何の後ろ盾もない状態では学校運営に大きく進言できないでしょう。もちろん、「一意見」として受け入れてくださるとは思いますが、それに伴う見通しは40代に劣るはずです。

以前一緒に組んでいた学年主任（40代）の先生がご異動される際、「ツノは置いていきます」と手紙をいただいたことがありました。「異動先では黙っておく」という意思を「ツノを置く」という比喩で表現した内容でした。

しかし、2学期がスタートしようかとする8月中旬、「今日は闘う日だった」とメッセージが届きました。黙ってなどいられなかったのです。

これは、**「黙っておく」という選択肢と、「新しい風を吹かせる」という選択肢があってこそ可能な「闘い」**だったと認識しました。きっと、「自分を生かす」ための決断だったのだと受け取っています。

ジェラシーをコントロールする

自信がない、自分を認められない。とまえがきに書いたように、僕自身は自尊感情が高くありません。むしろ低い方だと感じています。

そして、ロスジェネ世代は採用が少なかったため、職員室において希少価値が高いことも確認しています。同時に、狭き門を潜り抜けてきた強者揃いという事実も然りです。

表現が適切ではないかもしれませんが、ある程度の競争を勝ち残ることのできた少数派の世代が40代だと考えることもできます。

そうなると、どうしても、少ない中で比較対象とされてしまうのは必然です。どうしても「社会的比較ジェラシー」の土俵に立たされてしまうのです。いわゆる「嫉妬」です。

このジェラシーが生まれるとき、ポイントがいくつかあります。

1つ目に、類似性の高い身近な他者が少しだけ優位にある、ということです。全国的で圧倒的な他者にはジェラシーを抱かない反面、近い、似た存在に対して嫉妬してしまうのです。特に40代は同期が多かったわけでもなく、比較されることに対して抵抗がないわけではありません。

ある意味、初任者が複数名着任する学校では、どうしても「比較」が生まれます。自分自身がそうでなくてよかった（比較に耐えられない…）と思うと同時に、それが当たり前の環境で育つ若手を心から尊敬します。

2つ目に、自分が高い価値を感じているジャンルに対して嫉妬する、ということです。例えば「○○主任を任された」とか、「管理職から高い評価を得ている」など、その人が価値を感じることに対して、近い、似た存在が少しだけ優位にあるとき、「ジェラって」しまいます。

このとき、「あいつまじウザイ」とネガティブな感情を抱いてしまうことを「下方比較」と言い、逆に「あいつすごいな」とポジティブな感情を抱くことを「上方比較」と言います。どちらが健全に力量を高めていけるかはお察しの通りです。

この比較を、「悟空的比較」と「ベジータ的比較」と呼んでいます。悟空はベジータに対して純粋に「すごい」と思えるポジティブなタイプ。しかしベジータは、悟空に対して

「カカロットのくせに」とネガティブに比較してしまいます。悟空の方が楽しそうな人生を送っているのは社会的比較ジェラシーをポジティブにコントロールできているからとも言えるでしょう。

40代になると、それこそ直感的に判断しなければならない場面がたくさんあります。後輩育成の面など、校務分掌とは違った立ち位置が必要になります。場合によっては、ハッとさせる立場にもならなければいけません。

それでいて、若手を引き立たせ、管理職との間に入り、ハブとして黒子のような役に徹しなければならない世代です。強い色は使わずに、**いぶし銀の仕事をしなければならない**のです。

そんな中で「承認欲求」が高まる場面もあるでしょう。「俺の方が」と自己顕示欲が顔を覗かせる瞬間が幾度となく訪れるはずです。

取り戻せない20代30代を諦めきれず、嫉妬してしまうことも多々あります。

でも、そうしたジェラシーをコントロールできなければカッコ悪い40代になってしまいます。そんな40代は「痛い」存在です。

たちが悪いのは、それを「嫉妬」と認めずに、「下方比較」ばかりする人です。黙って

「羨ましい」「嫉妬する」と言えばいいのにそうはせず、「あいつの実践は」と「あーだこーだ」言ったり、「それはもうすでに」と上から目線で正論をかましてきたりする人です。「嫉妬です」と言えば済む問題なのに、何やかんや文句をつけたがり、相手を下げようとするのです。どうして一緒に高め合おうとしないのでしょうか。そんな「ベジータ的比較」で良いのでしょうか。

希少な40代だからこそ、変に人と比べることなく、お互いの良さを引き出し合って手を取り合いたいものです。それだけ、現場には40代がいません。

管理職コースに乗ったら嫉妬。教育委員会に吊り上げられて嫉妬。担任一筋で意思を貫く働き方に嫉妬。ではなく、色々な道で自分を生かし合う仲間が、教育界という大きなステージを支えているのだという自負をもちたいものです。

そうやって、認められない自分をいつか認めてあげられるように、嫉妬を乗り越えていける40代になりたいと考えています。

リソースの最適化

今、古舘良純という人間はどこで生きていったらいいかと考えるようになりました。

それは、ＳＮＳで発信したり、本を書かせたりすればいいという意味のリソースではありません。職員室において、どう立ち振る舞い、どうすれば影響力が最大化するかという考え方です。

これは、ハブとしてどう位置付けるかという視点であり、パズルのピースにも似ています。デコがあればボコもある。抜け感も尖った部分ももち合わせた個人を、どこにどう配置し、使ったら、１枚の絵が完成するかという考え方です。

擦り倒しますが、サッカーで言えばフォワードで使うべきか、サイドに置くべきか、先発か、スーパーサブか、コーチか監督か。適材適所と言えばそう考えることもできます。

そして、40代に入ったらそのプロデュースは自分でやっていこうという話です。

学校現場では、各自治体がタクトを振って勤務校が決まります。学校に着任すれば、管理職が校務分掌等の決定権をもちます。主任がつけば、その学年や部会を率いる立場を与えられ、そうでなければ大きな仕事はありません。

しかし、職員室において校務分掌等以外の力関係は確実に存在します。「ベテラン」と言われる世代の立ち位置や「本校８年目」のような「長老」の存在がそうです。

表向きな仕事と学校独自のパワーバランスを見極め、自分のポジションをどう定めるかによって自分のリソースは最大化されると考えて良いでしょう。

それは、**ロスジェネ世代と呼ばれる少数派の40代だからこそ、職員室において異質さを発揮できます。**その方がジェラシーも少なくてすみます。

ホッとさせ、ハッとさせ、若手にストレスを与えつつ、提案で自分に賛否を浴びせ、負荷をかける。

あなたは、どこでどう力を発揮し、どこにどう根ざすでしょうか。自分という人間を、どうデザインしたいでしょうか。

Column

40歳になった年、学年主任の先生のつながりで講師依頼をいただくことがありました。

ICT と学級経営をテーマにお話しさせていただきました。

素敵なご縁をいただけたことや、著書を読んでくださっていたことなど、本当に嬉しい出来事でした。

自分にできることがあれば、校内校外問わずにお力添えしたいと常に考えています。

5章

「職員室での立ち居振る舞い」のマインドセット

Mindset

学校全体を助ける

不思議なもので、40代に入ってからは、より「学校のため」と考えて働くようになりました。それは、もちろん学年のためであって、若手職員のためでもあって、管理職や目上の先生方のためでもあります。

何か、学校へ貢献する形で自分の力を発揮したいと思うようになりました。そういった生き方を背負ってみたいと考えたと同時に、それが実現できる感覚も得たからです。

個人的な感覚では、所属する自治体に何か貢献できないか、近隣の学校のために何かできないか、自分の地元である岩手県の教育に何か風を吹かせられないかと考えるようにもなっています。もちろん、全国的に必要とされる何かがあれば、馬車馬のように働くつもりです。

そうやって自分に負荷をかけてでも、苦しい現場が奮い立つようなアクションを起こしたいと思うようになりました。

矛盾するようですが、「自分にできないことがはっきりしてきたから」そう思うようになったのだとも考えています。

人の力を借りるしかない。人の力に頼るしかない。**自分にはできないことがたくさんある。そして、自分にしかできない働き方や強みがある。**そうやって自分のことがわかってきたからこそ、自分にできることも明確に描けるようになってきました。

同時に、「どの先生がどんな力をもっている」「あの先生が強みを発揮できるステージが見えている」「この先生をここにつなげば相乗効果が生まれる」そういった化学反応のような未来が見えるようにもなりました。

自分1人では限界だった世界も、一歩引いてつなぎ役に周り、ハブとして機能することで自分だけでは描けなかった大きな絵が見出せるようになったのです。そうやって、自分の周りをいい意味で巻き込んでいきたいと考えるようになったのです。

一般的に、「助ける」という言葉は、「ヘルプ」という意味をもちます。業務的な意味で使うと、「丁合作業を助ける」や「荷物運びを助ける」と想像できます。「サポート」の意味で使うと、「丸つけを助ける」「個別指導を助ける」とも使えます。

しかし、**僕が考える「助ける」のイメージは「力を発揮しやすくする」「のびのび働かせる」という意味**です。「リリース」と考えてください。「リリース」は、「キャッチアンドリリース」「プレスリリース」「筋膜リリース」などで使われています。「解放する」「公開する」という意味があります。

先生方のもち合わせている力や長けている能力を「解放」していく意味、先生方の隠された力や秘めている力を「公開」する意味が込められています。個別最適、多様性が求められている時代だからこそ、まず先生方の力が現場にとって最適化されるべきで、多様であるべきではないかと考えています。

しかし、**残念ですが、学校現場では先生方の力をうまく発揮させきれていないと感じています。**燻っている先生がたくさんいるように感じます。

僕自身、令和6年度に着任した学校では「主任」がつくような仕事はもち合わせておりませんでした。「今ある力は学級に全振りせよ」という管理職のメッセージだと受け取っていますが、残念ながら職員会議や打ち合わせで何かを提案することはほぼなく、主任会議に参加することもなく、学校改革にどう関わっていけば良いか悩んでいました。

ある意味「助けてほしい」と考えていました。解放させてほしいと思っていました。微力ではありますが、どうにか僕の力が「リリース」できるようにならないかなと考えていました。そういう意味で、「助けて」いただきたかったのです。

きっと、同じように解放されたい先生、助けてほしい先生がいるはずではないでしょうか。また、そうは思っていなくても眠っている原石はたくさん転がっているような気がしています。いわゆる「隠れ資産」です。管理職の采配的な役割を、40代の立場で、より広い範囲で担っていきたいのです。

20代を引き立てて、30代を引き上げて、管理職へ適切に出力すれば、何か自分の周りを変えていく一助になると考えています。

職員室を守る

どこの現場も人不足が続いています。教員採用試験の倍率も軒並み低下し、講師すらどこにもいない状況です。職員室が、疲弊しています。

教育委員会や管理職ばかりを責めても仕方がなく、若手に仕事を押し付けるわけにもいきません。それぞれの学校によるとも思いますが、どうしても職員が守られない状況が続き、誰もが責任を負わぬようにひっそりと仕事をする毎日かもしれません。

そんな中、職員室で何ができるかを考えましたが、いたってシンプルな結論に辿り着きました。「上機嫌」の一択でした。

元気よくあいさつをして職員室に入る。「ありがとうございます！」をたくさん使う。若手に声をかける。ベテランの先生方と談笑する。校長室に入ったら少し雑談して退室する。

日常のちょっとした心がけで、随分と職員室が明るくなる気がしました。

逆を言えば、「不機嫌ではならない」ということです。**40代教員の不機嫌は、はっきり言って重罪**です。

下の世代にも上の世代にも影響力のある40代が不機嫌であるということは、ある意味職員室を崩壊させかねない力をもっているということを自覚しなければいけません。同時に、もし僕がそういう40代を見たら「ごねるなよ」と言いたくなります。

40代が職員室を守るということは、裏を返すと職員室を崩してはならないということです。基本的に、先生方は誰もが「良い人」です。質的な仕事の違いはあれど、「悪い人」は1人もいません。

職員室は、「うまくいく」に決まっているのです。

しかし、力を発揮できずに燻っていたり、誰かにウェイトがかかりすぎたり、そのハブになる先生がいなかったりするから、崩れていくのです。「うまくいかない」というよりは、「うまくいく状態を保てない」と考えたほうがしっくりきます。

だから、40代という中間世代が明るく振る舞うことによって、ベテラン世代への心理的なサポートにもなり、若年層世代にとっては前向きにならざるを得ない状況を生み出せます。これは、立場や任された仕事に関係なく、いつでもできることでしょう。

ポイントとしては、「いい加減」を心得ておくということです。序盤でも触れましたが、「やりすぎ」はいけないということです。

ニコニコしすぎるとヘラヘラになってしまいます。「ありがとうございます」の使いすぎは言葉自体が軽くなってしまいかねません。談笑や雑談も迎合とは違いますし、場合によっては「ごますり」と見られてしまいます。

まずは**「不機嫌でない状態」をベースにしながら、上機嫌をコントロールして出力するイメージ**です。「ご機嫌」である必要はないということです。

そうであれば、まず職員室を崩すことはありません。同時に守ることも可能です。

これは、学級経営でも同じようなことが言えます。

僕はこれまで厳しいと言われる学級を受けもつことが多く、人一倍「学級を守る方法」を考えてきました。

これも、職員室での振る舞いと同じようにシンプルな答えがありました。「言葉づかい」に気をつけることでした。その意識をもつだけで随分と学級が落ち着いたのです。

いわゆる「暴言」にあたるいくつかの言葉を徹底的に教室から排除すると、自ずとマイナスの空気は減ります。同時に、「おはようございます」と「ありがとうございます」の2つをきちんと口にさせること。これだけでみるみる学級が蘇りました。

子どもたちの中もまた、「悪い子」はいないのです。「うまくいく状態」を保てなかっただけなのです。

しかし、そこに何か特別な方策を用いたり、映える実践をしたりする必要はなく、シンプルな意識があれば何とか崩さずにすみます。

その中心にいるのが「担任」であるように、職員室における「40代」はそうやって職員室を守る立場にあると考えています。

特に、一担任であるならなおさらです。職員室の9割が担任ですから、同じ担任目線で上機嫌でいられる、不機嫌ではないということが、多くの職員にとって好影響を与えるはずです。

管理職の上機嫌も大切ですが「担任団はきついのに、管理職だけ楽しそうにしている」とひねくれた見方をされる場合もなくはありません。

同じ立場の40代が上機嫌であることが重要なのです。

職員室でタブーの言葉を考える

40代が職員室を守る立場と考えると、**職員室においてタブーとなる言葉を考える必要があります。**前述しているような「言葉を選ぶ」感覚に近いと考えてください。

僕の中では3つあります。

1つ目は、「その必要がありますか」という言葉です。

会議などの提案事項に対する半ば否定的な言葉です。「やらなくても良いのではないか」という裏返しに聞こえてしまう言葉です。

学校現場は「ビルドアンドビルド」の世界にあります。どうも「スクラップ」がうまくいかないようです。

そんな中、40代教員であればスクラップに踏み切る発言が可能です。しかし、それでは提案者が否定された形になり、職員室の空気は停滞していくでしょう。引き立てることとは逆の方向に力が働いてしまいます。

確かに「必要でないこと」はたくさん存在しますが、「必要だと考えて始めた人がいる」というリスペクトのもと、建設的に言葉を選ぶようにすべきです。

２つ目は、「だって○○じゃないですか」です。

これは、もうすでに自分の中で結論が出ている状態を示してしまいます。質問したり、尋ねたり、引き出したりする前にすでに答えが出ているため、それ以上話し合おうとする気がなくなります。

特に最新の教育事情に精通していたり、その実践を教室で展開したりしていれば、誰もその意見に太刀打ちできない状況になってしまうでしょう。

提案事項を完全に潰す形になってしまいます。

もしそのような気持ちになっても、「○○かもしれないですよね」とぼんやりさせ、「可能性がある」「不確かではないか」というスタンスで示す必要があると考えています。

３つ目は、「この学校は」です。

何校か異動を経験している40代は、若手に比べて学校を比較できます。「あの学校」「この学校」と比べられます。

しかし、この思考ではどうしても自分自身を「外側」に置いてしまい、どこか評論家的に学校を見てしまいます。

違います。もっと自分を学校の内側に置かなければなりません。「うちの学校は」「僕の勤務校は」と、自分ごとにして話を進める必要があるでしょう。そうでないなら、まだあなたは学校を背負っているとは言い難いかもしれません。

どうしても他責思考になり、学校へ進言したり、ハブになったりする覚悟がないから出てくる言葉です。自分の人生の一部だと考えたいものです。

きっと、まだまだ言わなくて良いことはたくさんありますが、今僕が意識している3つをお伝えしました。

きっと、40代のあなたがその学校に着任した意味があるはずです。

なぜその学校へ異動が決まったのか、そのわけがあるはずです。

その意味や理由を考えると、決してその3つを安易に使えなくなると思います。

「その必要があるか」と言葉にする前に、「なぜその必要があったのだろうか」と問うはずで、その問題は解決されたのか、その目的は何だったのかと目的思考になるはずです。

「だって○○じゃないですか」と言う前に、相手が何を言わんとするのかを想像し、意図を汲み、理解しようとするはずです。そこに隠れた100人が見えるかもしれません。

そして、「この学校は」と言う前に、「この学校で」と自分を生かす術を考えてはいかがでしょうか。自分のリソースを最適化しようと思えば、他人事ではいられなくなるでしょう。

それが、大人というものです。大人とは「たいじん」とも読みます。辞書的には「徳の高いりっぱな人」「度量のある人」などという意味です。逆は「小人（しょうじん）」と言い、意味は逆になります。

やはり、何を言わないかが品性であるように、そういった大人として40代を振る舞いたいと願っています。

1%のために100%注ぐ

この歳になって思うのは、**学校現場ほど変わりにくいものはないという事実と、学校現場ほど変わる可能性がある場所はない**ということです。

限界はあるだろうが、可能性も少なくないと考えています。

例えば、僕は若くして千葉県で採用になり、10数年千葉県教員として働いていました。千葉県（僕の勤めていた自治体）は、学級編成が毎年のように行われ、まさに「1年勝負」の学級経営を毎年繰り返してきました。

しかし、令和になるタイミングで岩手県に戻ると、岩手県では2年ごとの学級編成がスタンダードでした。3年生になるタイミングと、5年生になるタイミングのみ学級編成が行われ、基本的に2年間は同じメンバーで過ごすことになっていました。これは、僕自身が小学生だった30年前から変わらないシステムでした。

きっと、もっと上の世代から続いている風習なのだと思います。

しかし、このシステムにも限界が来ているようにも感じました。

例えば、5年生で学級が崩れたとします。この学級がそのまま6年生に進級するとします。そして、担任が変わったとします。

もし6年生で立て直せたら、「担任のおかげ」と見られるでしょう。相対的に前任者が「悪者」になりかねません。

また逆に、3年生で楽しく充実した1年が終えられたとします。そのまま4年生に進級するとします。そして、担任が変わったとします。

もし4年生で崩れたとしたら、「担任のせい」と見られるでしょう。相対的に前任者の返り咲きが求められるはずです。

かといって、2年間同じ学級をもち続けるには職員数が少なく、異動でのやりくりが厳しくなります。

学級編成が2年に一度であるリスクは、かなり大きいと考えていました。

しかし、そのままでは職員室を守ることができません。何を言うか、どこに出力を最大化するか考えました。

そして僕は、「単年の学級編成」を学校に提案しました。提案し続けました。

結果的に、3年かかってその学校では単年の学級編成が実施されるようになりました。何10年続けてきたシステムに終止符を打つことが決まったのです。

それ以降、近隣の学校で同じように単年で学級を解体するようになり始めたと聞きました。異動した先の学校でも、僕はまた同じように管理職の先生に進言しています。

学校現場の全てを変えようと思っても、うまくいかない方が圧倒的に多いです。

しかし、ここその1％に対して全力を突っ込むことでその風穴を開けることは可能かもしれません。

同じ100kgの圧力でも、面で与えてしまっては穴が開きませんが一点に100kgの圧力をかけるから穴が開くのです。一点突破とはこのことだと思います。

そして、単年の編成になったことで生まれる様々なズレや新しい感覚が、自ずと残りの99％を変えていくきっかけになります。どこに穴を開ければ大きく変えていけるかを考え、そこに集中して力を注いでいくようにします。

40代のいぶし銀的な仕事はそこに魅力があるはずです。

そうやって、学校という大きな現場が変わる可能性を職員室に広げていくのです。

先生方が、大きなスクラップに踏み切れないのも、踏み切らないのも、「自分たちには変える力がない」と思い込んでいるからです。

これは「鎖につながれた象」と一緒です。

サーカスの像は、木の杭に鎖でつながれています。小さな頃からつながれているため、どれだけ頑張って抵抗しても逃げ出せなかった過去の記憶が頭に焼きついています。

そのため、「どうせ無理だ」「逃げられっこない」と大きくなった今も思い込んでいるのです。

同じように、我々教員もまた「どうせ変えられない」「変わりっこない」と思い込んでいるのではないでしょうか。

しかし、100％は無理でも、1％なら何とか変えられないでしょうか。そのために100％振り切ってみてはいかがでしょうか。

時代が今、背中を押してくれそうな気もしています。

決断を下す

『ミドルリーダーのマインドセット』では、「学年主任の仕事は決断」という話を書きました。今回はもっと限定的に、「40代こそ決断」と言い切りたいと思います。

この決断とは、例えば「生徒指導」におけるタイミングの見極めが挙げられます。「ほめるタイミング」や「叱る判断」などがそうです。

また、学級経営における子どもの生かし方や、学年経営における同僚への指導助言もそうです。

さらに、校務分掌において新しい風を吹かせるための提案事項を検討したり、従来の内容にとらわれない賛否を生んだりする主張もそうでしょう。

学校現場で働く全ての行為に、確かな「決断」を下し続けるのが40代だと言えます。

アメリカ国立科学財団のデータによると、人は1日に1・2万から6万回もの思考をすると言われます。もちろん、思考は無意識に生じるものも含めるため、ほとんどの思考はスルーしていますが、それだけの数の思考を働かせています。

さらに、ケンブリッジ大学のバーバラ・サハキアン教授の研究では、人は1日に最大で3万5千回の決断をしているとされています。

朝から晩まで、何を食べるか、何を着るか、どこを歩くか、誰と何を話すか、立ったり座ったりという些細な動作まで全て含めると、そのくらいの数になるということです。

これもまた、先述しているように「考えないから柔らかい」と捉えています。

決断の数を意識的に減らしてきているということです。強い色を使わずに黒1色で過ごすことで決断の回数を減らし、ズボラを楽しむことで決めなくて済む生き方ができています。

その上で何を言い、何を言わないか。どこで出て、どこで引くか。そういった際どい判断を常にしているから、大切な決断をズバリと下すことができます。

しかも、ヒューリスティックな生き方が、その確かな直感を働かせることになり、大きく決断を外しません。

むしろ、決断したことを正解にする道筋さえつくってしまえる立場にありそうです。

40歳は、「不惑の年」と言われます。これは、40歳になると迷いがなくなるという意味で、「不惑」は区切りの良い年齢の別称として使われています。

儒教の始祖である孔子が残した論語の「三十にして立つ。四十にして迷わず。五十にして天命を知る。六十にして耳したがう。七十にして心の欲するところにしたがって矩を踰えず」とされている言葉が由来となっています。

「決断するということ」を、「迷わないということ」と裏返して考えれば、「不惑の年を迎えたら迷わず決断せよ」というメッセージとしても受け取れそうです。また、「五十で天命を知るまでの10年間で、迷わず突き進め」というエールにも聞こえてきます。

個人的な話ですが、ここ数年でキャリアチェンジした同級生が多く、驚きとともに納得する部分があります。

ベネッセ教育総合研究所教育イノベーションセンター主任研究員に転職された庄子寛之さん。Canva Japanにジョインした坂本良晶さん。「教え方の学校」を立ち上げ、全国各地のみならず海外からもオファーが絶えない渡辺道治さん。そして、学年は一つ先輩になりますが、中部大学現代教育学部准教授にご栄転された樋口万太郎さん。いずれも「不惑」に決断を下した先生方ばかりです。

多くの先生方は、ご紹介した方々のように人生を変える大きな決断はしないかもしれません。むしろ、管理職や行政への異動も含めて「現場一筋」でやり抜くと決める方々がほとんどだと思います。学校を背負い、職員室を守っていくための「決断」をいくつもするはずです。

きっとその決断には迷いがなく、大きな分岐点を生きる40代としての生き様が見えてくるのでしょう。

ある年の送別会で、ご退職を迎えた2人の先生と同じ席で飲むタイミングに恵まれました。担任一筋で37年間走り切った先輩でした。

僕が「管理職の道は考えませんでしたか?」「担任がやりたかったんですか?」と質問攻めにすると、「俺は担任しか考えられなかったな」「担任以外やりたいと思ったことはなかったよ」と教えてくれました。きっと、何度も決断を迫られただろう表情をしていました。でも、とても良い表情をしていました。

僕も、60歳になるとき、同じように良い顔をしていたいと思いました。

水に流す

大好きな言葉を紹介させていただきます。**「努力することは、うんこをすることと同じだと思います」**という言葉です。

これは、ケツメイシのＲＹＯさんの言葉だとされています。品のない言葉に聞こえますが、一応「そのこころ」を伝えておきますので考えてみてください。

①ふんばること
②水に流すこと
③毎日すること
④その姿は決して人には見せないこと

です。

努力というものは、ふんばり、毎日し、水に流し、人には見せるなと言っています。

それを、ユーモアを交えた形で表現した言葉だと感じています。

学校現場でもきついことやしんどいことが多々あります。その中で、毎日コツコツ自分を磨き鍛えようと思える言葉です。言い得て妙とはこうした言葉を言うのでしょうか。

その中でも特に重要だと感じているのが、「水に流す」という言葉です。「努力してきた！」と直接表現はしないものの、「努力している事実」は示しています。**「流すものはある」と暗に示しています。**

言葉を選べるのも、考えすぎずに済むのも、ズボラを楽しめるのも、ヒューリスティックに生きていけるのも、決断を下せるのも、全て「努力」の賜物なのです。

しかし、40代が大っぴらに「努力してきたんだぞ！」と言うのはそれこそ下品です。ハッとさせるかもしれませんが、余計なお世話です。

しかし、「努力せずに今がある」と見せてしまうのも違う気がします。下手に努力しない若手を生み出してしまっては学校の未来がありません。

努力はしてきたけれど、今はしがみつくほどではない。でも自分の中にあって、血肉化され身体化され、息を吸うようにできるから今がある、とは伝えて良いでしょう。

そういった意味で、水に流しておかなければならないと思うのです。

そして、その努力は決して人に見せてはなりません。


また、努力という言葉について、イチロー選手の言葉から考えておきたいと思います。

２０１８年、「ザ・プレミアム・モルツ」のＣＭで、『Interview with ICHIRO Long ver.』というイチロー選手へのインタビュー企画がありました。その４分間のＣＭの中で、イチロー選手に「努力は報われますか？」と質問が投げかけられました。

イチロー選手は次のように答えました
「報われるとは限らないですね。もっと言えば努力と感じている状態はまずいでしょうね。その先に行けばきっと人には努力に見える。でも本人にとってはそうでないという状態がつくれる。そうすれば勝手に報われることがあるんです」

目的と手段を見極めなければならないと痛感した言葉でした。

例えば「教材研究」を「教材研究」として考えているだけでは十分ではないかもしれないということです。他の先生から見て「研究熱心」と捉えられても、実は本人が「道楽」くらいに考えていた方が、結果は出やすいかもしれません。

だから、授業研で「失敗した」とか、学級経営が「うまくいかなかった」とか考える人は、まだ努力すべく努力していると考えられます。努力を水に流せないのです。

教室に生まれた事実そのものを受け止め、その結果がどうであろうと不機嫌にならず、水に流し続ける営みこそ、学級経営や学校運営の常ではないでしょうか。

残念ながら、学校現場は大人が大切にされにくい状況にあります。もちろん、ニュースやSNS等のミスリードから来るエコーチェンバー的な側面はあれど、「ブラック」と言われても仕方がない状況です。

だから、自分という立ち位置を探す意味で努力を見せびらかしたくなったり、努力を水に流せずにしがみついていたりする方が多いのかな……と思います。

「うんこ」は報われるためにするものではありませんよね。

大きなものを捨てる

「何かを得たいなら、何かを手放さなければ掴めない」と言ったのは、元サッカー日本代表監督の岡田武史さんでした。

岡田監督はサッカー日本代表を初めてワールドカップ出場に導いた監督で、加茂監督が更迭されたのち、新監督として約9か月間日本代表を率いていました。

コーチから監督に昇進し、ワールドカップ本戦への出場を決めた岡田監督は、ある決断を下します。

当時日本代表を牽引してきた「キングカズ」こと、三浦知良選手をメンバーから外したのです。日本サッカー界の顔とも言えるキングカズを選ばなかった事実に、激震が走り、ファンは騒然となりました。きっと、今の言葉を借りると「炎上」だったと思います。

岡田監督は、当時41歳。この決断はまさに「賛否」を大きく生み出す決断でした。

41歳で日本を背負うというコトの大きさは違いますが、同じ年齢を生きる今、何を手放すかを考える必要はあると思います。

時代も、「リスキリング」や「アンラーニング」「学び直し」が叫ばれています。

特に、コロナ禍を経て起きたパラダイムシフトやゲームチェンジにうまく適応できた学校とそうでない学校においては、かなり大きな差が開いていると感じます。

勝手な考えですが、危機意識や切実感の高い40代が学校にいたかどうか、そしてその40代が職員室で機能していたかどうかが分かれ目だったと想像しています。

言い方は不適切かもしれませんが、コロナ禍に乗じて、20代30代で感じていたモヤモヤ……違和感を「一気にひっくり返しにかかった」のではないでしょうか。

多くの学校が運動会を半日開催にし、コロナ禍が明けてもなおその日程を戻さなかったということは、ずっとその負担感や指導の限界に気づきながら手を打てなかった過去があるということです。

もちろん、熱中症が心配される気候条件も重なり、子どもたちの健康面を第一に考えると半日開催が適切である側面はあります。

しかし、「チャンス」とばかりに半日開催に踏み切り、その流れをつくり続けている学校は多かったはずです。コロナ禍に突入して5年経ち、いよいよ来年で6年目を迎えます。令和に入学した子らが卒業してしまえば、もう丸1日運動会をやっていた過去など忘れてしまうでしょう。そうやって、新しい風を吹かせながら時間とともに捨てていくのです。そして、「捨てても大丈夫だったね」と言えば良いのです。

また、40歳になった年に研究主任を務めていたのですが、10月の職員会議であまりにも各分掌からの提案事項が多くて驚いたことがありました。

保健指導からの◯◯調べ、体育担当からの体力向上週間、図書担当からの読書に関する取り組み、そして研究部からの授業交流会（相互参観週間）、そして学年ごとの校外学習と、子どもも大人も全く余白のない11月を迎える宣告をされたのでした。

会議が終わりに差し掛かるころ、僕はある決断をしました。研究部に相談するわけでもなく、職員室で1人で決めました。「授業交流会を中止する」という決断です。職員の負担を増やしてまでやる必要はないと考えました。そして、なくなったくらいで先生方の授業に対する質が落ちることはないと考えたのです。

そして、終盤の「その他・連絡」で手を挙げ、その旨を話し、勝手に中止を決めました。職員室には、どこかホッとしたというか、「いや、本当に重なりすぎだよね…」的な空気が流れていたことを覚えています。

結果的に、研究部の取り組みを2週間中止にしたところで大きく研究活動が揺らぐことはありませんでした。「なくたって大丈夫」。つまり、「中止しても大丈夫だ」ということが結果としてわかったのです。

つまり、**運動会も研究活動も、「半日を捨てる」「2週間を捨てる」わけではありません。大きく捨てたものは、「自分自身の価値観」だったり、「思い込み」や「刷り込み」だったのです。** いわゆる「ねばならぬ」のような考え方です。

教員の折り返し地点まで走ってきた40代だからこそ、知らず知らずのうちに染み付いている教育観や、絶対譲れない刷り込まれたポリシーがあるはずです。

しかし、時代の転換期においてちょうど40代を迎えている僕たちだからこそ、恐怖心を乗り越えて止まらずに行動し続けることが必要ではないでしょうか。

それはきっと、何かを捨てることで生み出す新しい色なのだと考えています。

補足させていただきますが、「捨てる」ことは「楽をする」ことではありません。あくまで余白が生み出す教師の「元気」が、子どもたちの「元気」につながることを信じた「捨てる」なのです。

Column

東北学院大学の佐藤正寿先生との２ショットです。

大学まで足を運び、講義を受けたり、研究室でお話しさせていただいたりしました。

「岩手の教育」を考えてくださっている姿を見て、自分も「ふるさと岩手」を背負ってみたいと勝手に考えたものでした。

大学院を目指すきっかけもいただきました。

この場を借りて感謝申し上げます。

6章

「学校外活動」のマインドセット

Mindset

例えばあなたがいなくても

40代になって圧倒的に変化した感覚があります。

それは、**「お休み」をいただくことへの抵抗感が随分低くなった**ということです。

というより、「誰が入っても成立する、しっかりした学級をつくろう」という変なプライドや歪んだ目標がなくなったと考えています。

昔は、担任不在になることへの抵抗感が非常に強く、「意地でも休まない」「多少の熱なら出勤する」という働き方をしていました。たとえ休んでも、なるべくすぐに戻り、担任不在の様子を子どもたちから聞き出しては「はみ出し者」を炙り出して指導するような、悪しき管理指導に走っていました。

もちろん、20代30代でも気軽にお休みを取得する方はいると思います。しかし、僕の場合は若手の頃の苦い思い出があったため、余計に休むことへの抵抗感がありました。

初任時代に腹痛のまま出勤し、病院に強制送還された経験があったのです。しかも、校長先生に送迎してもらうという始末。「もう学校に迷惑はかけられない」と心に決めたことを覚えています。

さらに、その年の卒業式はインフルエンザに罹患して欠席。カメラやビデオといった担当の仕事があったにもかかわらず、卒業式前日に離脱となりました。初任時代のこれらの経験が、学校を休むことへの抵抗感の高まりにつながっていたのです。

若手の先生方の多くは、もしかしたら年次休暇がたくさんで、繰越状態になっているのではないでしょうか。ほとんどお休みを取らず、時間休もとろうとは思わないかもしれません。

でも、40代になって、僕はやっと「気兼ねなく休める」ようになりました。

大きかったのは、39歳の年の1学期末の経験でした。

成績処理真っ只中。個人面談の予定が固まったラスト1週間でコロナウイルスに罹患したのです。

各教科の評価や総合所見は記述していましたが、印刷したりハンコを押したりする作業が残っていました。さらに、個人のファイルを用意したり、綴込みしたりする作業もできなくなりました。もちろん個人面談も中止となり、希望者のみ夏休み終盤に行うことになりました。申し訳ないと思いながら、でももう割り切る他ありません。

結局、1週間の自習を全て管理することはできず、子どもたちもモチベーションが低下し、1学期の締めくくりができないまま夏休みに突入することとなりました。子どもたちにも、職員にも本当に申し訳ない1週間だったと思います。

でも、今なら言えることですが、その1週間などなかったかのように2学期がスタートし、結果的にすばらしい卒業式を迎えました。

良くも悪くも、その1週間が1年間に与える影響は小さかったのです。あのとき躍起になって指導せずとも年間の中で見れば随分小さな1週間だったのです。

「1週間も学級を開ける」ことなどしてこなかった教員人生でしたが、その経験を通して「自分の影響力などほとんどない」と考えるようになりました。**自分がいなくても何とかなってしまう世界**だと思えるようになりました。

41歳の2学期には「アキレス腱断裂」によって3日間入院しました。このときもまた、「変な責任感」は特にありませんでした。むしろ、その経験によって子どもたちの強さを引き出したいとさえ思っていました。なお、この原稿を書いている今もギプス生活です。

さらに、これから数年間で我が子も中学・高校と進学します。40代後半になれば、大学に進学している年齢です。きっと、我が子の関係で仕事を休む日も来るのかなとぼんやり考えています。

また、知り合いの先生はご両親のことで学校を休むことが多くなったと聞きました。50代目前になってくれば我が子だけでなく両親のことが絡んだお休みも増えるでしょう。そのときはきっと、真っ先に仕事を休むはずです。

もちろん、学校にかかる負担は大きくなります。ただでさえ人の少ない職員室で「何とか回してもらう」のは心苦しいことです。保護者の方も気が気でないかもしれません。だから、**「お休み」をいただくことへの敬意を忘れてはいけません。**

しかし、自分の体を投げ打ってまで、我が子のことを犠牲にして、両親を蔑ろにする働き方もいかがなものかと思うのです。

だからこそ、ある意味「例えば自分がいなくでも時計の針は進む」と思っておくことも必要ではないでしょうか。

いい意味で自分へ期待しすぎず、背負いすぎず、身軽に生きていきたいものです。

自分をみくびりすぎない

これまで書いてきた内容と矛盾するように聞こえるかもしれませんが、「40代はまだまだ若い」と言っておきたいと思います。まだまだチャレンジ可能な年代だと言っておきましょう。

例えば、ICTの活用で爆発的に力を発揮できるのが40代です。これは、単純にアプリが使えることやパソコンに強いという意味ではありません。たくさんの経験を積んできたからこそ、様々な場に「置き換え」が可能だということです。

40代に入った年、学習発表会がありました。内容や台本をどうしようかという流れになったとき、僕は「AIに叩き台を書いてもらいましょう」と提案し、その使い方を先生方に周知しました。

台本自体もデジタルのみとし、印刷・帳合はしませんでした。完全なペーパーレスです。

　また、県指定の授業を引き受けたことがありました。かなり縛りの強い研究会で、１本の授業のために4月からチームが組まれ、他校の公開に足を運んだり、それぞれの学級を参観したりして練り上げる公開授業でした。

　教科は社会科で、必ずＩＣＴを取り入れることが条件でした。場合によっては、地域素材も絡めて……など、誤解を恐れずに言えば「いかにその自治体をアピールするか」をねらっているようにさえ感じた授業でした。

　当日は教室が満員になり、本校職員すら中に入れない状況でしたが、その参観者全員がアンケートで高評価を下してくれました。教育委員会や教育事務所の先生は大変喜んでおられました。

　もちろん、僕自身も嬉しかったことに間違いはありませんが、何よりこの歳でチャレンジし続けられる環境に感謝しかありませんでした。

　いつだって挑み続ける者は若い。そう感じました。

　また、僕自身の話ではありませんが、40代に入って教務主任になり、日々飛び込み授業を繰り返している仲間がいます。担任の鏡のような先生が、担任外になってなお授業で勝負し続けようとしているのです。本当に頭が上がりませんでした。

どこか、「担任を外れたら教師としてステージが変わる」ような気がしています。でも、そんな仲間を見るたびに、**いつだって授業している自分が一番若いのだろうと思わせてくれます。**ああいう働き方がしたいと思えるものです。

また、アカデミックな世界に身を投じる仲間もいました。30代の頃からそうした姿を目にしてきましたし、常に学びの世界で研究に没頭してみたい自分もいました。しかし、家族のことや金銭面でのことなど、その世界に足を踏み込む勇気はありませんでした。

何より、学級をもたない自分の姿が想像できず、学校教育の最前線を離れる覚悟がなかったのでしょう。

しかし、我が子が大きくなってきたことや、金銭面での少しばかりの余裕ができる40代で、その世界に挑戦してみたいと思うようになりました。ちょうど同級生が続々と現場を退いていくようになり、違う道を選んでいる様子を見て、そう考えるようになりました。

執筆している今、ちょうど大学院の応募要項を取り寄せているところです。いつになっても勉強だな……と考えています。

なお、学校現場は離れず、通信制の大学院で学ぶ予定です。働きながら、どこまで深い学びが実現できるかわかりませんが、まず当たって砕けろの精神でやってみます。

このチャレンジは、大学受験以来の受験になります。まさかこんな人生になるとは思ってもいませんでしたし、たぶん同級生が聞いたら「お前が大学院か？」と笑われるでしょう。

以前、高校時代の同級生から連絡が入ったことがありました。学校教育に関するアンケート調査で、学校に勤めている僕に回答して欲しいとのことでした。一般企業に勤めており、なぜそういったアンケートをしているのかと聞くと、ちょうど大学院に入ったということだったのです。同じようにチャレンジする友人に勇気をもらったものでした。

人生、どう転がるかわからないものだと思うとともに、「俺も大学院受けるから」と返信してアンケートを拡散しました。

彼は、40代の身軽な生き方を体現していました。40代も捨てたもんじゃないなあと思ったものです。

一歩踏み出す関係性をつくる

1日に1人、全く見ず知らずの人と話そうと思って生活しています。

学校に勤務していると、教師としての自分を見る人以外に出会わないからです。自分のことを全く知らない人と関わっておきたい、常に自分に刺激を入れておきたいと考えて生活しています。「教師」としてではない「生身の自分」として関わっておきたいのです。

例えば、コンビニの店員さんと会計の際に話すようにしています。行きつけのスターバックスでは、店員さんと雑談することもあります。

また、学校内では全く違う学年の子に話しかけます。あいさつだけではなく、習い事や好きな教科、最近の調子などを尋ねたりします。その子にとって関わりの少ない大人としてゼロベースで話したいと思っているからです。

直接的な関係ではなくとも、そうやって何気ない会話に花を咲かせるだけで自分がまた違った世界に生きていると実感できるのです。

「我以外皆我師」という言葉があります。『宮本武蔵』『三国志』などの小説を執筆した作家、吉川英治氏が座右の銘としているものです。簡単に言えば「自分以外は全て、自分に何かを教えてくれる先生である」という意味です。

学校では、先生と児童、主任と学年団、管理職と教諭など、様々な「関係」が張り巡らされています。しかし本来、何かを学ぶということは閉鎖的なものではありません。

だから僕は、コンビニの店員さんとのやりとりで言葉選びや表情を読み取ったりしながら、人間関係を学びます。スターバックスでも同じです。

そう考えると、人生経験も豊富になっている40代から見てみると、生活の全てが学びにすら思えてきます。

野暮な話ですが、20代がなりふり構わず話しかけていると、下手にナンパしているように見えてしまうかもしれません。でも、40代のおじさんなら談笑ですみます。１日１人など若い頃にはしようとも思わなかったことですが、一歩踏み出すと世界が広がるものだと思えました。

また、極限まで辿り着くと、「上善水如（じょうぜん水のごとし）」という考え方にも行き着く気がしています。

「老子」の中の一文で、「理想的な生き方をしたければ、水の在り方に学びなさい」ということです。

水はいろいろな形の器に収まることができます。どんな形も選ばずに器に収まります。それでいて、手の平には収まりにくい。つまり人の手には捕まらないという意味です。また、熱くなれば蒸気となり、冷たくなれば個体となる。その形は様々で、状況によって変化できる。さらに、水は低い方へ低い方へと流れていきます。謙虚でありながら、でも自分らしくもある、理想的な生き方そのものを水と重ねているのです。

こういう、他者や当たり前にあるもの、ある意味斜めの関係を日常的に意識できたら、自分の生き方を考えるきっかけにならないでしょうか。

自分と他者を「すれ違うだけの関係」から「人間関係」に発展させる。自分と水を、生き方として重ねる。そういう見方・考え方に一歩踏み出し、折り返しの人生を過ごしていきたいと考えているのです。

そう考えると、「すみません」「できません」というお断りも素直にできるようになりました。自分がいなくても何とかなるという考え方と似ているのですが、どうも自分ではなくて良いと思える仕事や、自分のキャパオーバーが見通せるような仕事はうまく「ノー」が言えるようになりました。そういった踏み出し方も、できるようになったのです。

若い頃は、「はい」か「イエス」か「喜んで」を返事の基本とするように教わってきたため、断ることへの抵抗は人一倍感じていたと思います。でも、水の生き方のように「人の手には収まらない」ということを意識すれば、自分でその器を選ぶこともできるはずです。

もちろん、「この人のために働いてもいいいな」と思う器もあります。「その器に収まってみたい」と思える仕事もあります。

そういう取捨選択のできる関係をうまく築くためにも、自分からの一歩は大切にしていきたいものです。40代にもなると、もう身近な数人で生活が成り立ちます。広げなくても、どうにか仕事も回せます。でも「若くない」とも思います。いつでも自分のフットワークを軽くしておきたいものです。

サードプレイスをもつ

『ミドルリーダーのマインドセット』では「学びのサードプレイス」という表現でコラムを書きました。サードプレイスとは、自宅や職場、学校ではない居心地の良い場所のことを指します。

みなさんは、そうした「サードプレイス」をいくつもっているでしょうか。

非現実としての場所。仕事モードから解き放たれる場所。職場から家庭に帰る際、スイッチをオフにする場所。趣味もその一つかもしれません。

そんなサードプレイスがいくつかあると、人生は豊かになっていきます。

これは、40代に入ったらもつべきというわけではありません。40代になってこそ、そのありがたみを感じるようになったという話です。

僕のサードプレイスをいくつか羅列してみると、菊池道場岩手支部・ＬＩＮＥグループの「教室のミカタ」と「六担部屋」・スターバックス・サウナ・２つの社会人サッカーチームがあります。

菊池道場岩手支部は学びの軸足としており、岩手県内で毎月定例会を開いています。顔を突き合わせて学ぶ貴重な場です。

ＬＩＮＥグループは、オンライン上のコミュニティとして、全国の先生方との関わりが広がっています。

そして、多くの方のサードプレイスになっているであろうスターバックスは、職場モードから執筆モード、そして家庭モードへスイッチを切り替えていく場として位置付けています。

定期的に通い詰めていると、店員さんがドリンクのカスタマイズを覚えてくれたり、スリーブをつけてくれたりするようになります。そこで「今日はミルクの変更はしませんか？」などと雑談に発展し、学校職員ではなく一お客さんとして振る舞う心地良さを味わっています。

また、40代に入って健康を気遣うようになり、週末のサウナ通いも始めました。いわゆる「ととのう」という時間を大切にしています。

サウナは暑さに耐えたり、水風呂の冷たさを味わったりする「感覚優位」の過ごし方だと言われます。もうそれ以外考えられなくなるのです。

仕事のことや締め切り、予定を考える「思考優位」ではない時間が、リフレッシュのきっかけとなっています。

最後に、「趣味」としてのサッカーチームですが、先述した一歩踏み出す関係性や斜めの関係として一般社会人チームに属することで新しい自分を見つけることができます。

サッカーチームは、オーバー35の盛岡市内リーグと、オーバー40の岩手県リーグの2チームに入っています。20代とはもうガチンコの勝負はできませんが、それでも同世代で走っている先輩方を見ると、まだまだ走れると思います。ここでも、「まだまだ若い」と言っておきましょう。本当に貴重な場です。

そもそも、僕たち「ロスジェネ世代」は同世代が職員室にいません。昔は若年層研修や悉皆研修などで顔を合わせていたものの、年を重ねるごとに顔を合わせる機会はなくなりました。

また、自主的に学習会へ足を運ぶような同世代もほとんど見かけません。もちろん、オンライン上や全国的に知り合いは増えましたが、地元で同世代の仲間を見つけるのは困難です。特に千葉県に長く勤めていた僕は、ただでさえ岩手県内に知り合いが少ないのも事実です。

だからこそ、勉強会の場やつながるコミュニティのありがたさを実感しています。普通なら巡り会えない人たちとつながるきっかけがサードプレイスだったからです。

これは夢のような話ですが、もし可能なら今オンラインでつながっている仲間の元へ足を運べたら…と考えています。全国各地にサードプレイスができるということです。これは、「リアルが先」だった時代の先生方には見えなかった世界かもしれません。

ＳＮＳでつながった方々は全国各地にいます。それぞれの拠点をつくってもらいながら、ある種「巡業」のように会いに行くイメージです。

これまでは、フットワークがネットワークをつくり、チームワークを生み出していたと思いますが、これからはネットワークがチームワークを生み、フットワークにつながるのではないかと考えているのです。

この時代に生まれたからこそ、この年代でしか味わえないサードプレイスの使い方を見出せたらと考えています。

ＳＮＳと上手に付き合う

２００６年、日本ではＳＮＳとして、mixiが流行していました。

僕が大学を卒業する年。初めて触れた、ソーシャルネットワーキングサービスがmixiだったのです。

まだスマホやタブレットが広く普及する前でしたから、授業の合間を縫って大学のパソコン室に足を運び、プロフィールやら日記やらを更新していました。そして、「マイミク（友だち）」を増やしたものでした。

大学を卒業して地元に戻った僕は、同級生とのやりとりのツールとしてmixiを使い、メルアドと年賀状と合わせてその「つながり」を保っていました。

そう考えると、**僕ら世代（ロスジェネ世代）は、ＳＮＳやオンラインの走りを生きてきた**と言えるかもしれません。

僕がmixiを使い始めた頃、SNSの役割は「リアルをつなぎとめる手段」でした。北海道函館市で大学生活を送った4年間のつながりを、卒業後の岩手県で維持するための手段がmixiだったのです。

日記を書くたびに、各地に散った同級生から届くコメントが嬉しかったものです。また、後輩の投稿からサッカー部の活動をキャッチしていました。

そうやって「SNSでリアルをつなぎとめていた」のです。

しかし、その距離は自然に離れていきます。それぞれのリアルが同時進行的に更新されていくからです。

新しい環境のリアルが最優先され、SNSのつながりは自然と弱まっていきました。

しかし今、時代の移り変わりによってパラダイムシフトが起こりました。**リアルにつながるための手段」としてSNSが活用され始めてきた**のです。

「友達」「いいね」「コメント」「LIVE」によって、時間や距離、世代を越えたつながりが加速するようになりました。

そして、その加速は「リアルで会おう」という、人として抗えない欲求を満たそうとすることになります。もしかしたらコロナ禍の「制限」も、その気持ちをより助長したかもしれません。

もちろん、SNSからリアルへの移行はリスクをもち合わせていることも確かです。アカウントの本人確認、匿名性、個人情報の保護。十分に気をつけなければいけません。

だから、SNSとの付き合い方はきちんと考えておくべきです。

例えば、僕のSNS活用ルールは次の3点です。

①実践で育った「子どもの姿」を想像して情報収集する。
②実践する「大人のマインド」を太くするために使う。
③誰であれ、ブロックもミュートもしない。

です。

特に③は強く意識しています。「オンラインがリアルを呼ぶ」のであれば、「オンラインでしていることがリアルに出てしまう」ことがあると考えているからです。

こうやって書いている今もなお、様々な方面から理解なき言葉が飛んでくることがあります。遠回しに嫌味が届くこともあります。仕方がないことですが、事実です。

でも、**全部受け止めて進むのが僕の考えるＳＮＳとの付き合い方**です。「たかがＳＮＳ」「されどＳＮＳ」ですから、リアルの世界でタフに生きていきたいと思えば当然かもしれません。

今の所、僕自身は割と健全にＳＮＳと付き合えている気がします。そもそも実名で発信していますし、裏アカウントのような匿名の発信はしていません。何なら書籍等で学校名も出しています。

必要に応じて教育委員会への届出も済ませたり、管理職の先生にもお話を通したりしています。快諾していただける環境に感謝です。

今後10年、ＳＮＳがどのような立ち位置になり、どうリアルを呼び込むか楽しみです。

ぜひみなさんも、マイルールを確かにし、ＳＮＳを活用されてください。

そしていつか、リアルでお会いしましょう。きっとサードプレイスがそこにあります。

自分自身の命と向き合う

40歳の夏、地元の同級生を集めて同窓会を開きました。中学校時代の担任の先生方にも声をかけ、お店を貸し切って盛大に行いました。2度目の成人式でした。20歳の成人式のとき、「30歳でもやろう！」と約束し、僕が幹事となってメンバーを集めました。そして、「40歳でもやろう！」と約束し、同級生数人と会の開催にこぎつけたのです。

こうした2回目の成人式は全国各地で行われているようで、「セカンド成人式」や「ダブル成人式」など、様々なネーミングで呼ばれています。

同窓会で担任の先生方と会うと、いつでも中学生に戻ることができました。30歳のときも40歳のときもです。その関係性が一瞬で当時をフラッシュバックさせました。歳を重ねているはずなのに、同級生もまたあの頃のままで不思議な感じがしました。

20歳で成人式を迎えたあの日、何だか大人になったような気がしました。お酒もタバコも解禁になり、どこか市民権を得たような、大人の世界で認められたような気がしました。もちろん、生活が何か大きく変わったわけではありませんでしたが、心構えが随分と変わった気がしました。

40歳を迎えた日は、何か大きく人生が揺れ動いたわけではありませんでしたが、20歳のときのように何だかありがたい気持ちになったのは事実でした。

暗い話題になってしまいますが、20代を迎えることなく亡くなった同級生がいました。かなりショックを受けたことを覚えています。

30代を迎えることなく亡くなった同級生もいましたし、40代を迎えることなく亡くなった幼馴染もいます。同窓会の際、当時その幼馴染を担任していた先生は、随分ショックを受けていました。

僕たちは、当たり前のように「次は50歳になったら集まろうな」と言って同窓会を終えました。でもどこか、「このメンバーが揃うのは最後かもしれない」と思っていたことも事実です。60歳、70歳、いつまで続けられるか、次いつ会えるかわからないと考えたものです。

本書の序盤、「5年先を考える」という話をしましたが、それは働き方や仕事をする上でのマインドセットでした。

でも、**折り返しを生きる人生そのものとして考えるなら、自分自身の命とも向き合いながら生きていく必要がある**と考えることもできます。10年先を生きるために、身軽でいたいと思うのです。

次の成人式は「サード成人式」でしょうか。「トリプル成人式」でしょうか。いや、還暦ですね（笑）。働き始めて20年目をあっという間に迎えたように、きっと60歳もすぐ来ます。やりたいこと、心が動き続けること、魂を揺さぶる生き方がしたい。若々しくありたいと思うのです。

余談ですが、僕自身の経歴として6年生を担任することが多く、7年連続卒業生を送り出していた過去があります。平成28年度から令和4年度までの7年間です。

そして、本著の発売直前となる1月に平成28年度に送り出した子たちが成人式を迎えます。ここから「7年連続」教え子の成人式が続くわけです。さらに5年生を2連続担任していますから、1年空けてさらに2年続きます。僕は、40代で48歳以外の全ての年に教え子の成人式をお祝いするわけです。

僕が恩師の先生をお招きして同窓会を開いたとき、一瞬で「中学生の古舘君」に戻っていました。もしかしたら、教え子と出会ったら、「20代の古舘先生」や「30代の古舘先生」に戻れるのでしょうか。

これぱかりは、そのときになってみないとわかりませんが、きっと成人を迎えた教え子らも一瞬で「６年生」に戻ることでしょう。

そのときさっと、教師として働き続けてきて良かったと思うはずで、これからもあのときの自分を忘れずにいたいと思うはずです。そして、また10年後を目指して働き続けるのだと思います。

嬉しいことに、すでに何人かの教え子が教壇に立っています。40代はそういう「答え合わせ」にも近い事実が突きつけられる年代です。

ロスジェネ世代が育てた子どもたちが社会に出ているということです。その責任を背負って、これから40代を生きていかなければならないのでしょう。

そのとき、教師冥利に尽きるという言葉を実感できたらいいなと思っています。

Column

２回目の成人式の１枚です。

同級生数人と、恩師の先生方と10年越しに乾杯できました。

地元の仲間とあっという間に中学生に戻れる時間は宝物のようでした。

いずれ自分も、教え子とこうして乾杯できる日を楽しみに頑張ろうと思えました。

先生方には感謝しかありません。

あとがき

中学生のとき、ストップウォッチを見ずに「10秒ピタリ」をねらうゲームが仲間内で流行りました。体内時計で「1・2・3……」とカウントして、「ここぞ」で止める緊張感がたまりませんでした。

あるとき、テレビ番組を見ていると、10秒ピタリゲームを番組の企画でやっていました。それは、小学生、高校生、サラリーマン、おじいちゃんを対象にした内容でした。

不思議なことに、サラリーマンがたいてい10秒前後を記録し、小学牛から高校生はやや遅めに止める傾向がありました。そして、年配者になればなるほど、早く止めていました。

ざっくり言うと、年齢が若ければ時間感覚が長くなり、年齢を重ねるはどに時間感覚が短くなるということです。

後に知ったことですが、これは「ジャネーの法則」といい、年を取るにつれて時間が早く感じてしまう現象を心理学的に解き明かした法則です。年少者は主観的に記憶される年月の長さが長いのに対し、年長者はより短く感じてしまうということです。

不思議なもので、20代の頃は「早く30代になりたい」と思って仕事をしていました。かなり長かった記憶があります。

30代はとにかく外の学びを充実させた10年間でした。それでもかなり長く感じていたことは確かで、人生の転換期が何度も訪れた感覚があります。

そして、40歳になったなあ……とぼんやりしていたら、あっという間に41歳になりました。そして瞬く間に42歳になっているはずです。明らかに、30代までとは時間の進み方の違いがあります。とにかく1年間が早いのです。

今回、「40代」をキーワードとして本著の執筆に臨みました。たくさん先輩がいる中で、若干41歳が「40代」を語ろうとする烏滸がましさを感じましたが、実質40代はほんの数年だと感じています。

本章の中でも書きましたが、45歳を迎えたら「アラフィフ」になり、もう50代を意識し始めます。だから、40代のことは今のうちに書いておきたいと思いました。何より、僕自身が40代をどう生きていくかを、「過去形」ではなく「現在進行形」で残しておきたいと考えたからです。

きっとここから10年、この1冊が自分自身にとってのバイブルになると信じて、そして、ネガティブケイパビリティのお供となるよう、大切にしていきたいと思います。

最近の子どもたちは「意味なっ（意味ない）」という言葉をよく使います。一生懸命やっていたのに、実は違うことをしていたとき。せっかく準備をしたのにそれを使うことがなかったとき。昨日テスト対策に励んだのに思うような結果が出なかったとき。色々な場面でこの言葉を使います。

例外なく古舘家でも子どもたちが「意味ないじゃん」という言葉を使います。「それやっても意味ないよ」と上の子が下の子に言う場面があります。

学級では、「意味はつくるものだ」と伝えています。「意味はある」それを見出せていないのは自分が意味をつくれないからだと考えているのです。

全てに意味はある。無駄なことなんて一つもない。全てが経験で、それは人生において重要な1ページだと思います。

だから、その意味を見出せないのはもったいないと思います。

子どもたちは、「意味のあること」には取り組みます。具体的に言えば「見えること」には取り組みます。「可視化」できることです。

例えばテストの100点には大きな意味を感じます。試験の合格にも意味を感じます。

でも、家庭学習にはあまり意味を見出せません。自分で考える試験勉強にも苦痛を感じます。不思議です。結果を重視し、過程は大して気にしないのです。結果がすべてで、原因となる要素に意味を見出せないのです。

90点で嘆き、不合格に落ち込む。そうやって「意味なかった」と二項対立の世界を生きているのでしょう。

少なからず、一定数の大人もこういう世界で生きている人がいるように思います。非常に生きづらい世界じゃないかと心配になります。きっと他責思考で責任転嫁しながら生きているのではないかと感じます。可哀想とすら思えます。

でも、意味をつくれたり、ポジティブに「意味変」できたりする人は違うはずです。いい実践ができるかどうかより、勉強すること自体に楽しさを感じる。人と出会い、知恵を出し合うことに喜びを覚える。40代を受け止め、一歩引いたり感覚的に決定する。

そんな生き方に充実感を見出せる人です。

この原稿を書いている2024年8月27日。僕は市内陸上記録会に向けた陸上練習中にアキレス腱を断裂しました。人生4回目の松葉杖生活がスタートしました。

そんな中で、1泊2日の野外活動を引率し、陸上指導にあたり、記録会も現地引率しました。

家庭には随分迷惑をかけましたし、我が子の運動会も松葉杖で参観しました。

SNSでは、怪我の数時間後に発信し、以降怪我の様子や病院の報告、経過観察に今後の見通しなど、一連の報告を兼ねて綴っていきました。

毎日松葉杖の使い方がうまくなり、毎日階段の上り下りがスムーズになる。調子に乗ると激痛が走り、負荷をかけると膝や腰が痛くなる思いもしました。

ある意味毎日が学びで、毎日が成長でした。自分が怪我に最適化していく様子が手に取るようにわかりました。

アキレス腱断裂さえも、「意味がある」と心の底から思えていたのです。

これからリハビリが始まり、サッカーに復帰する姿を思い浮かべるとワクワクしかありません。ぜひ、「サードプレイス」で一緒にボールを蹴りましょう。そのときはお手柔らかにお願いします。

40代に入っても、毎日が新鮮で毎日が新しいと感じます。きっと、学校現場で働いている先生方が若いのは、子どもたちを相手にしているからという理由もあると思いますが、毎日が新鮮だからです。決められたルーティンのようでそうではなく、新しい毎日を送っているからではないでしょうか。

でも、その新鮮さに気づかないうちは、「例年通り」「去年のように」「こうやればいいんでしょ」の繰り返しで、働くことに「意味」を見出せないかもしれません。それは、自分にとっても子どもたちにとっても残念なことです。

もしかしたら、時間が早く過ぎていってしまう感覚は、こうした「意味の見出せなさ」がもたらしているのかもしれません。

ぜひ、学校のハブとなる40代、管理職に進言できる40代、ヒューリスティックに生きる40代が、日々の新鮮さに気づくことを願っています。

そうして、「ジャネーの法則」に抗うように、この10年を長くしぶとく生きていきましょう。

数少ないロストジェネレーション世代の我々が、「不惑の年」を楽しみながら学校現場を変えていくエネルギーとなることを願って、あとがきとさせていただきます。

「大丈夫、きっとうまくいく」

古舘　良純

【著者紹介】

古舘　良純（ふるだて　よしずみ）

1983年岩手県生まれ。現在、岩手県花巻市の小学校勤務。近隣の学校で校内研修（道徳）の講師を務めたり、初任者研修の一環等で道徳授業を公開したりしている。バラスーシ研究会、菊池道場岩手支部に所属し、菊池道場岩手支部長を務めている。著書に『小学６年担任のマインドセット』『子どもと教師を伸ばす学級通信』（単著）、『授業の腕をあげるちょこっとスキル』（共著）等がある。

40歳教師のマインドセット

2025年３月初版第１刷刊 ©著　者　古　舘　良　純

発行者　藤　原　光　政

発行所　明治図書出版株式会社

http://www.meijitosho.co.jp

（企画）茅野　現（校正）養田もえ

〒114-0023　東京都北区滝野川7-46-1

振替00160-5-151318　電話03(5907)6702

ご注文窓口　電話03(5907)6668

＊検印省略　組版所　株　式　会　社　カ　シ　ヨ

Printed in Japan　ISBN978-4-18-209529-0